SEXO PARA INCONFORMISTAS

*A nuestros hijos María y Samuel,
Inma y Alberto (nuestros asesores de estilo),
a Trini y a Teresa.*

*A Antonio, nuestro 1%. Por su confianza y ánimo
para terminar el libro. Él ya sabe.*

*Y a nuestros padres por la paciencia infinita
que han tenido con nosotros.*

ÍNDICE

1. PRESENTACIÓN

Este libro empezó a fraguarse en nuestro gabinete en Las Palmas de Gran Canaria. Vimos que muchos problemas matrimoniales venían de no entenderse sexualmente. Por otra parte, al venir a vivir a Madrid y centrarnos más en Instagram mucha gente joven nos preguntaba sobre diferentes temas y reclamaba dónde formarse.

Y de repente vino el "confinamiento". La excusa "de no tenemos tiempo" para sentarnos se nos esfumó. Y había que hacer algo para cubrir el horario de trabajo establecido. Total, que ahí nos veis a los dos empezando el libro. Y para que, (ya nos conocemos los dos) fuera en serio, lo pregonamos a los cuatro vientos y también en Instagram y Facebook.

El resultado es este libro. El objetivo es explicar cómo somos de diferentes varones y mujeres. Cada persona tiene su sexualidad propia, lógicamente, pero con rasgos comunes entre ambos.

No hemos querido ser exhaustivos ni dictar "cátedra", y pensamos que lo hemos conseguido por el tamaño del libro y por la cercanía del lenguaje empleado. El único objetivo ha sido, ¿qué nos habría gustado saber del otro sexo? Nadie nos lo había explicado antes.

La complementariedad sexual no es fácil. Cada sexo tiene sus necesidades y suelen ser diferentes. Buscar que el otro disfrute de las relaciones sexuales debe ser el objetivo de cada uno de los amantes, pero sin olvidar el suyo propio. El pensar "yo me entrego y que el otro lo pase bien" es un error que se paga caro. Generalmente se minusvaloran esos encuentros y uno se siente usada/do por el amante. Si los dos no disfrutan la cosa no irá bien.

La gente "sensata" os dirá que en el matrimonio hay muchas más formas de demostrar amor que "haciendo el amor". Es verdad. Pero la forma que proponemos para demostrarlo proporciona mucha complicidad y facilita el perdón. Las sustancias liberadas durante el orgasmo hacen que nos sintamos más unidos a nuestra pareja. Todos tenemos experiencia en eso. Cuando en las relaciones sexuales disfrutan los dos, la convivencia es mucho más fácil.

Por otra parte, el sexo, no es todo en el matrimonio. Hay más cosas importantes: la escucha, el ponerse en el lugar del otro, la ternura, la confianza, sentirse admirado y deseado, saberse que se es uno y mucho más. Pero todo suma y no se puede decir "de esto paso" porque todo está entrelazado y el sexo también.

Nos gustaría que estas páginas sirvan para facilitar el diálogo entre los esposos y los novios que se preparan para esos encuentros. No podemos dar por sabidas las cosas. No nacemos sabiendo todo. Esto que se ve claro en otras facetas de la vida parece que en esta no hay nada que aprender. Y que la curiosidad en este tema o sacarlo en el matrimonio o en el noviazgo es de "salidos" o "salidas": ¡qué va a pensar! Sin embargo, la formación básica en este tema es fundamental. Y, en nuestra opinión, muchas veces se mezclan filosofías, ideologías, etc., que en otras ciencias no se mezclarían. La sexología es una ciencia y por tanto debe tender a la verdad. Si la forzamos para llevarla a nuestro campo nos equivocamos.

¿Por qué los reprimidos y los que nada les parece suficiente, son los que se ponen la vitola de entendidos? De eso tenemos la culpa todos. El sexo es algo limpio y claro como el agua de manantial; los que lo hacen sucio y retorcido son los que todo lo ven con ojos contaminados por reprimidos o por viciosos.

Los padres deben explicar estas cosas a sus hijos si no otros lo harán y meterán en sus cabezas las primeras ideas, que tal vez no serán las mejores.

Escuchar a nuestra pareja lo que espera de estos encuentros es muy importante. No banalizar el tema. "Dime de qué presumes y te diré de qué careces" dice el refrán.

Otro tema importante es la delicadeza con los sentimientos del otro: no debemos hacer nada que pueda herir la sensibilidad del otro. Hay que cuidarla y protegerla. Cuando se dice esto parece que se refiere únicamente a la mujer, pero también al varón le puede herir algo, y no por eso debe callarse.

Bueno, estos son los sentimientos y pensamientos que nos han llevado a escribir este libro. Con tal de que sirva de ayuda a alguien estaremos contentos.

Damos las gracias a nuestros seguidores de Instagram que con sus comentarios han ayudado a seleccionar los temas.

Para finalizar, queremos insistir: el sexo no es una opción en el matrimonio. Es una necesidad en la convivencia matrimonial. Esa complicidad que da, cuando los dos disfrutan, hace más fácil entender al otro, disculpar y perdonar.

Esperamos os sirva.

2. LA SEXUALIDAD MASCULINA

2.1. INTRODUCCIÓN

El cerebro del varón, ya desde bebé, es diferente al de las niñas. El cerebro de la mujer cuando es un bebé se fija en las caras. En cambio, el cerebro de bebé varón es un cerebro explorador. Le interesan las cosas, no las caras. Tiene que tocar todo lo que se mueve a su alrededor.

En el niño pequeño, su razón de vivir es no estar quieto. Los chicos pequeños cuando están en una sala de espera no paran de moverse: se suben a la silla, se bajan, se meten debajo, reptan por el suelo. Todo con tal de no estarse quietos, tienen que moverse. En cambio, las niñas están más quietas: se peinan, están pintando, jugando con el bolso de su madre, el pintalabios, el espejo... Me hace mucha gracia cómo miran las niñas a los niños: no entienden tanto movimiento. Y la madre del niño no sabiendo cómo entretenerle le dice "mira a la niña qué obediente es". Pero en realidad la niña no es obediente, es niña, y tiene necesidades distintas.

Al llegar a la adolescencia se encuentra terriblemente aburrido y necesita retos. Dicen que duermen peor que las niñas adolescentes. Personalmente, yo no he visto diferencias entre mis hijos adolescentes varones o mujeres en esto del sueño. Lo que sí se nota es la necesidad de diferenciarse del resto y en los varones, es ser el mejor en algo. Lo peor que le puede pasar a un adolescente varón es ser el "pringado" del grupo.

Los adolescentes compiten continuamente cuando están juntos: carreras, equilibrios, con la bici, de saltos, de escupir más lejos, quién llega más lejos con el pis, etc. Se trata de ser el mejor en algo, que se le respete por ser el mejor en algo. El que no es mejor en algo lo tiene muy complicado.

Por eso los adolescentes hacen cosas que a los adultos nos parecen locuras, pero la realidad es que están compitiendo, en caso contrario se aburren. Es cuestión de demostrar valentía: se tumban en las vías del tren, saltan desde muy alto, etc.

No hay nada más peligroso que un adolescente con el carné de conducir recién sacado, con una chica a su lado y chillando por las barbaridades que va a hacer. Cada vez hará más el tonto y la historia puede acabar en un accidente. El que no lo haya hecho o visto que levante la mano.

Esto dura generalmente, desde la adolescencia temprana hasta los 21-22 años, aproximadamente.

En el cerebro del adolescente hay dos sistemas diferentes que durante ese periodo están, como quien dice, desequilibrados:

1   El Sistema de Activación (controlado por la amígdala):

Se desarrolla antes que el sistema de Inhibición.

Es impulsivo y recibe el doble de estimulación cuando está con sus colegas. Es un acelerador.

2   El Sistema de Inhibición (córtex prefrontal):

Es un freno a las locuras, sopesa riesgos y, si funciona bien, impide que los haga.

Este sistema madura sobre los 21 años.

A partir de los 21 años se estabiliza la testosterona que le ha vuelto loco durante la adolescencia.

2.2. LA VISTA EN EL HOMBRE

La vista es la forma de excitación más común y fácil de los hombres. El cerebro del varón está preparado para detectar mujeres atractivas para un posible apareamiento. Pongamos un ejemplo: una pareja va paseando y se cruza con una chica atractiva. Es muy normal que al varón se le vaya la vista detrás, sobre todo si no está apercibido. Y vosotras pensáis: "¡qué mira este hombre!". Tenéis que saber que luego, si no se recrea en la imagen, se irá desvaneciendo ese recuerdo.

El hipotálamo, un núcleo del cerebro, se activa ante esa visión y es el varón el que decide seguir mirando o no. Fantasear o no con ella. El que a tu chico se le vaya la mirada es, en muchos casos, un acto reflejo. Pero la realidad es que la naturaleza, Dios para los creyentes, para asegurar la perpetuidad de la especie ha dispuesto que sea así: que el varón tenga su área sexual 2,5 veces mayor que la mujer; que sea la vista la forma más habitual y fácil de excitación; y por otro lado que la mujer, al sentirse mirada y deseada por su amante, se excite.

Esto de la vista, algunas chicas, no lo tienen asimilado. Piensan que sus chicos se excitan como ellas. Y lo mismo pasa con algunos chicos sobre las chicas. O algunas madres, que piensan que sus hijos varones son muy diferentes a los demás hombres y que ellas los van a educar en este tema para que no sean como los demás.

Y oímos algunas veces, a las madres de niños pequeños, "nuestros hijos están acostumbrados a ver mujeres desnudas en la playa, así cuando lleguen a la adolescencia les parecerá normal y no irán perdiendo los ojos por la arena". Eso es no conocer el cerebro del varón. Cuando ese niño llegue a la adolescencia y la testosterona irrumpa a borbotones, no verá a las mujeres o a las amigas de su hermana como antes. Pongamos un ejemplo muy utilizado: si la concentración de testosterona de un niño de 5 años es como una caña de cerveza, cuando ese niño llega a la adolescencia esa concentración de testosterona se convierte en 8 litros. ¿Cómo no va a excitarse al ver mujeres en la playa? Si esto no se le explica al niño, puede pensar que es un salido. Y empezar a ver el sexo como algo oscuro.

Las madres deben saberlo y hacerlo suyo para no poner a los niños en situaciones complicadas.

Es verdad que no se puede evitar todas las situaciones, pero sí estar alerta y escuchar al marido, que, al ser varón, detecta con más facilidad los sitios o ambientes mejores. A qué varón no le ha pasado que tumbado en la playa y viendo chicas monísimas no tiene una desafortunada erección cuando, una de esas chicas le dice de ir al agua. Y se tiene que quedar achicharrado en la toalla hasta que pase ese mal momento. La vista es muy traicionera para los varones porque se nota enseguida cuando algo les excita.

La doctora López Moratalla dice *"la amígdala se activa en el varón más que en la mujer cuando ambos ven fotografías eróticas"*. (LÓPEZ MORATALLA, Natalia, "Cerebro de mujer y cerebro de varón" 115).

Estas palabras apoyan la especulación acerca de que representa una propensión de los varones a generar una mayor respuesta del apetito sexual a los estímulos visuales.

Pero los hombres (varones y mujeres) no estamos sometidos a los instintos, sino que los dominamos según nuestra voluntad y razón.

Otro ejemplo, lo leí en algún libro y me gustó: la mujer llega un día de primavera por la tarde a casa, en la que ya está su marido. Ella piensa "en cuanto llegue a casa me quito la ropa y me meto en la ducha" y, según cierra la puerta, se desabrocha la blusa y se quita las medias y cuando levanta la vista, ve a su marido mirándola con esos ojillos que sabemos lo que dicen. Y la mujer recoge la ropa y corriendo, se mete en el baño. Cuando se ha duchado y está fresca, sale con la toalla enroscada en su cuerpo y su marido, sin mirar, dice "¿Qué hacemos de cena?", ella piensa "y ahora qué le pasa". Lo que pasa es que hemos mandado un mensaje equívoco. Y él se ha sentido un "pringado" y no quiere volver a serlo. Y ella no entiende por qué se siente así, porque ella sólo estaba asfixiada de calor y quería darse una ducha.

Si hubiesen hablado los dos y expresaran sus deseos todo habría sido mejor. Y no habrían acabado los dos enfadados por no entender al otro. En la vida de pareja, hay muchos mensajes que mandamos y no somos conscientes de cómo lo recibe el otro.

Por eso es tan importante hablar. Y explicarse.

Si vamos por casa con unos leggins tan ajustados y finos que no se diferencia si es tu piel o unos leggins, no es raro que tu marido se ponga nervioso ante semejante espectáculo. No es que no te los puedas poner. Hay que saber que se va a poner cariñoso y, si es lo que quieres, fantástico. Pero si lo que quieres es ponerte a leer tranquilamente, es mejor que elijas otros leggins u otra indumentaria que además será posiblemente más cómoda.

No es que no se pueda vestir cada uno como quiera, faltaría más, pero debes saber el mensaje que mandas a tu pareja.

Las mujeres no pueden pretender que sus maridos dejen de ser varones o al revés, que lo sean cuando nos apetezca. Tu mujer es mujer las 24 horas del día y lo mismo tu marido, es varón todo el rato.

El juego de la vista puede ser muy divertido en la vida de pareja si lo sabemos jugar y no queremos cada uno hacer trampa con las cartas. Si el varón tiene esa facilidad para excitarse con la vista y a la mujer le gusta ser mirada y deseada por su marido ¡Qué más queremos! Esto está diseñado por la naturaleza (Dios) para que disfrutemos el uno del otro. El arte de vivirlo de forma divertida y que nos haga unirnos más, sólo depende de nosotros.

El juego de la seducción es muy divertido en el matrimonio y muy recomendable.

Un consejo, si lo permites, si quieres que tu chico sólo te mire a ti no le lleves a sitios donde haya muchos reclamos visuales. No es que no le gustes, simplemente se va a despistar.

Si tú sabes que él no quiere mirar a todo lo que se mueve, facilítale las cosas.

El control de las miradas es algo en lo que, de una forma o de otra, todos los hombres tienen que entrenarse. Porque es algo que se nota demasiado. Y tener fama de mirón no es uno de los objetivos de la mayoría de los varones.

2.3. EL COITO

Antes de empezar, me gustaría comentar algo sobre el apareamiento humano. Cuando hablamos de estos temas puede haber alguien que se sienta ofendido. Y pensar que no somos animales que se aparean. Es verdad, pero en realidad el apareamiento, cúpula, coito, hacer el amor, acto sexual o como quiera llamarse tiene una parte "incontrolada", una tendencia, algo instintivo y, por otra parte, está el señorío, el autocontrol, que nos diferencia de los simples animales. Decir que esa tendencia instintiva no es un reclamo fuerte para el hombre es, en nuestra opinión, no ver la realidad. Pensemos que el hombre (mujer y varón) no tienen una época muy señalada de celo como muchos animales. Esa llamada dura todo el año, y por lo menos en el varón con la misma intensidad. Porque es verdad que, en la mujer, por su ciclo menstrual, hay días de más excitación y días de menos. Pero, en cualquier caso, no se puede hablar de que la mujer tiene un celo.

Por eso es tan importante el dominio de esos instintos, y eso nos diferencia de los animales: Y no hay que quitarle mérito, porque hay varones y mujeres que no tienen ese dominio, y nadie se lo ha explicado.

Después de este comentario, hablemos del cerebro sexual en el varón. Estamos "programados" para detectar a las mujeres con cuerpo fértil. La silueta de "reloj de arena" es la que nos indica más fertilidad. Es decir, pechos grandes y caderas anchas. Se ven dibujos en todas las culturas, también en la nuestra, cuando se quiere representar a una mujer fértil. Aunque sabemos, por mujeres conocidas, que algunas pequeñitas y sin caderas amplias son muy fértiles y otras con pechos grandes y caderas generosas no son tanto. Pero el cerebro del varón las identifica como fértiles y deseables. Si a eso juntamos unos ojos bonitos y melena al aire ¡No se puede pedir más! El hombre detecta y mira a veces sin querer, porque su cerebro esta así "programado". No podemos engañarnos, el varón, tiene que educar y aprender a controlar sus miradas. Su "ser varón" lleva consigo su sexualidad que viene, en parte, dictada por su cerebro.

Cuando tratamos este tema, nos dicen "no somos hormonas y áreas cerebrales, somos libres". Eso es exactamente lo que nosotros exponemos, pero no nos importa reconocer que nuestras hormonas y áreas cerebrales nos modulan de forma distinta a los hombres que a las mujeres. La naturaleza así lo ha hecho: el varón, con un área sexual mayor que la de la mujer y el que seamos más sexuales y nos llamen la atención mujeres con cuerpo en forma de reloj de arena. Que nuestra vista se vaya a sus pechos y sus curvas no significa que seamos unos salidos. Seremos salidos si no controlamos ese impulso a mirar todo lo que se mueve.

Además, para completar la jugada, las mujeres tienen el deseo de ser deseadas y que las miren. Una mujer en una fiesta sabe si la miran o no. Los hombres muchas veces ni nos enteramos y nos da igual si en una fiesta no nos sentimos mirados y deseados. ¿Qué tiempo dedicamos los hombres a arreglarnos para una fiesta: 15 o 20 minutos? Una mujer lo lleva planeando desde que se entera que la han invitado. No sólo es cortesía para quien te invita. Estar guapa es algo más. La mujer disfruta sintiéndose mirada. Así que la mujer tiende a resaltar todos sus encantos y rellenar lo que le falta para llamar la atención. A veces, las mujeres no nos ponen fácil el no mirarlas con ojitos traviesos. Es un juego que se ha forjado después de miles de años y que no se puede despreciar. La naturaleza, o Dios, así lo ha querido, y en nuestra opinión, es ir contra la naturaleza de las cosas el negar esta llamada de atención por ambas partes. Otra cosa es, como hemos dicho, el descontrol de las tendencias.

Las muestras de afecto o de cariño o de amor apasionado tienen grados diferentes. Por ejemplo, unos besos que damos a alguien que acabamos de conocer (afecto); los besos que damos a nuestros padres o hijos o a nuestra mujer o novia (cariño); o un beso apasionado a nuestra mujer o novia. Los hombres (y mujeres) sabemos distinguirlos. Los besos apasionados en la boca, quieren decir, te deseo frente a los demás. También es verdad que puede haber besos apasionados por puro placer, al igual que sexo por puro placer, pero ahora no nos referimos a esto. Nos referimos a los besos que hay en el amor apasionado.

Con los besos en la boca, se traspasa testosterona del varón a la mujer que hace que ésta sea más favorable a las relaciones sexuales. El cerebro femenino antepone al sexo la esperanza del amor y el compromiso, cosa que en el cerebro masculino no es así. El mejor afrodisíaco para una mujer es una demostración de fuerza y de dominio. Es decir, que su pareja sea respetada por el resto de los varones. Que su opinión sea respetada. No me refiero a la fuerza bruta, aunque haya mujeres que sólo busquen esa fuerza física en el hombre. Pero aquí, nos referimos a la fuerza y dominio de su personalidad que le hace diferenciarse y respetarse del resto.

También en los besos, por medio de la saliva, la mujer, si le sabe bien, se siente segura de la relación, pero si no es así, inconscientemente se retraerá; si la saliva le sabe bien, la mujer sabrá que todo va bien. Es una prueba entre ellos. Los besos en la boca son la primera forma de cambios de fluidos de uno al otro. Tienen más importancia de lo que parece. Si a uno de ellos le da asco, tienen que preguntarse sobre las relaciones sexuales. Ahí, el traspase de fluidos es más importante, aparte del sudor y la saliva, que puede originar el contacto de los cuerpos.

No hace mucho, nos encontramos con el caso de Noelia y Francisco (nombres supuestos, lógicamente).

Noelia: *Venimos porque me echa para atrás el sudor de sus manos. Me da asco. Me paraliza pensar que pueda coger una enfermedad.*

Francisco: *¡Cómo no voy a sudar! Si con cualquier acercamiento no sé cómo va a reaccionar…*

Esto es más habitual de lo que parece en un principio. Los varones estamos más acostumbrados, a veces en exceso, a abrazarnos sudados, a beber del mismo frasco. Nos pasamos gran parte de la juventud sudando.

Noelia: *No es que no le quiera. Lo adoro. Y quiero ser su esposa cuando lo decidamos. Pero no sé por qué no soporto cualquier fluido de Francisco.*

Trini: *¿Te pasa con todos los hombres como tu padre, hermanos u otros novios que hayas tenido?*

Noelia: *A mis hermanos y mi padre ni los toco cuando están sudados. Con respecto a los novios, Francisco es mi primer novio.*

Francisco: *No veáis el primer beso que nos dimos en la boca. Dijo ¡uy! Y se echó para atrás.*

Noelia: *Era mi primer beso en la boca y pensé que cuidaríamos no pasarnos saliva. Parezco tonta, pero fue así.*

Les tranquilizamos y nos estuvieron contando más cosas de su noviazgo y tenían detalles uno con el otro que denotaban el amor que se tenían. Noelia estaba muy enamorada, se veía por cómo miraba a Francisco. A él también se le veía igual de enamorado. Sus miradas les delataban.

Antes de seguir, hay que decir que Noelia no era una chica rara. Era una chica de su tiempo que nunca pensó en esto. El hecho de venir al Gabinete decía mucho de ella y de él. Que no hubiera pensado que en los besos habría intercambio salival sólo quiere decir que nunca lo había pensado y que nadie se lo había dicho. Punto final.

Quedamos con ella al cabo de unos días. Le dijimos que no forzase nada, pero que ella pensara que las relaciones sexuales son lo que son. Que lo pensara tranquilamente. Y también en qué le pudo ocasionar ese rechazo. Nos pareció mejor que viniera ella sola. Así hablaría con más tranquilidad.

Al cabo de 7 días volvió ella sola. Y le preguntamos.

Alberto: *¿Has pensado en lo que hablamos?*

Noelia: *Sí, lo he pensado mucho y estoy dispuesta a superarlo.*

Trini: *Noelia, no se trata de superarlo o aceptarlo. Se trata de disfrutar de esas demostraciones de amor. Piensa que, si no, las relaciones sexuales te van a parecer un suplicio.*

Alberto: *Nosotros te vamos a dar unas indicaciones o razonamientos. Pero debes ser tú quien decida sobre vuestra relación.*

Noelia: *Llevo toda mi vida oyendo a mis amigas "qué asco como sudan los chicos", qué asco esto y aquello. Me he convencido de que para ser una buena mujer tengo que ser limpia. Y luego los besos no me los imaginaba así. Nunca pensé en el intercambio de saliva. En las películas y entre mis amigas no había salido nunca. Tengo que asumirlo. Pensaréis que soy una niñata. Yo así me siento. Y pienso en Francisco. Debe pensar que soy rarísima. Tengo que asumirlo.*

Ahí la cortamos.

Trini: *A ver Noelia, no te machaques. No eres la primera ni la última. Y no es un tema de asumir. Mira, muchas veces las mujeres, ahora y en tiempos pasados, al no disfrutar de las relaciones sexuales, por no saber él y ella armonizarse en ese tema, hacen ver que el sexo no les atrae. Y en realidad, es que nunca han conseguido disfrutar o sólo al principio de la relación. E incluso en esos momentos no han llegado al orgasmo. A las mujeres, al costarnos más llegar al orgasmo, si partimos de cero (es decir sin darnos tiempo a desconectar de todo lo que reclama nuestra atención) y nos vamos directamente a la cama, nos puede suceder que no disfrutemos de las relaciones íntimas. Bueno, ya hablaremos de esto cuando esté Francisco.*

Noelia: *Sí, sí, me doy cuenta de lo tonta que he sido. Y como desde pequeña nunca he visto a mis padres besarse en la boca y mi madre siempre ha dicho cuando había un beso en las películas "esto es* *un asco", nunca le pregunté a ella nada de esto. Creí que ella y mi padre no se besaban así. ¡Yo qué sé! En fin, eran mis padres y jajaja. Nunca me dediqué a pensar en mis padres teniendo relaciones sexuales. Creí que lo sabía todo.*

Fue mucho más larga la conversación, con lloro incluido, por el daño que le estaba haciendo a Francisco. Y decía "no me lo merezco. Es tan bueno. Otro cualquiera me habría dejado". La dejamos que se desahogara y soltase todo lo que llevaba dentro. En realidad, no era culpa de ella. Ni de su madre probablemente. Después de casi una hora hablando y llorando, continuamos la conversación:

Alberto: *Mira, cualquier mujer o varón al tener relaciones sexuales tienen intercambio de fluidos. Tómalo con calma y mira si es un miedo irracional o lo puedes disfrutar.*

Para no alargarnos, ella habló con su madre, su madre se quedó hecha polvo. Y le dijo "lo siento. Nunca pensé que esos comentarios te hicieran pensar así". Noelia se desmontó ese lío mental ella solita al darse cuenta de lo lógico de ese intercambio. Y que era necesario o, por lo menos, ayudaba en la excitación mutua. Se solucionó más fácilmente de lo que pensamos. Porque si hubiera seguido teniendo rechazo a la saliva de él habría tenido que dejarlo o pedir ayuda psicológica.

Es impensable un matrimonio en el que a uno de ellos le dé asco el otro.

La realidad es que, como hemos dicho, en los besos hay intercambio de fluidos. En la saliva del varón va la testosterona y hace que la mujer desee, más intensamente, tener relaciones sexuales. Por eso son tan importantes los besos en los preámbulos de las relaciones íntimas. También en el noviazgo, porque es el primer intercambio de fluidos y hay que saber cómo reacciona nuestra cabeza.

Noelia y Francisco se han casado y ya tienen tres hijos. Disfrutan de su vida sexual. Y nos dijo un día Noelia "me alegro de haber sido tan repelente. Porque me obligó, nos obligó, a hablar de temas que facilitaron nuestra vida sexual y no dar todo por conocido. Así que ese mal trago me ha traído una vida sexual seguramente mejor que la de mis amigas. Ellas dicen que fingen orgasmos para no defraudar a su marido. Yo no tengo nada que fingir porque generalmente llegamos al orgasmo. Y si uno no llega lo dice claramente. Y la siguiente vez lo preparamos mejor y cuidamos más los preámbulos".

Para el varón, ver disfrutar a su pareja hace que su orgasmo sea más intenso. Es una de las formas de demostrarle su entrega. Compartir ese momento es único y no se compara con nada. La naturaleza humana es así. La sexualidad sirve en la pareja para unirse más, ¡pero cuidado! Sólo si no se finge y se es sincero. Si no, todo es un teatro y acaba desuniendo a la pareja. Si disfrutan los dos, la convivencia se hace más fácil y, como hemos dicho muchas veces, se perdona con más facilidad. Ese encuentro es algo muy personal. Y no se puede sustituir por nada en condiciones normales.

2.4. ORGASMO EN EL VARÓN

El orgasmo del varón no tiene nada que ver con el de la mujer. Todos los hombres han tenido muchos orgasmos. Hay mujeres que dicen no haberlo tenido nunca. Hay que pensar, en el caso del hombre, que cada cierto tiempo hay que renovar los espermatozoides para que crear los nuevos.

La forma de que salga el semen del cuerpo del hombre es por el pene, con una erección y un orgasmo. Este proceso puede ser por unas relaciones sexuales, masturbación o sueños eróticos. Cuando el varón ni ha tenido relaciones sexuales ni se masturba la forma de liberar el semen viejo es por las noches, con sueños sexuales. Por eso digo que los varones tenemos muchos orgasmos asegurados en nuestra vida. No todos de igual intensidad, lógicamente. Pero los puede tener sin buscarlos.

En el sexo somos tan distintos que cuando conseguimos acoplarnos con nuestra pareja, se disfruta tremendamente. Hasta el orgasmo hay que acoplarlo.

El varón nota que está lleno y que tiene que renovar cuando tiene erecciones espontáneas sin razón aparente.

Estas erecciones nos hacen pasar ratos malos si estamos con un grupo de chicas o en clase si, en ese momento, nos dicen "a la pizarra". No se lo recomiendo a nadie.

La realidad, es que cualquier roce nos lo puede provocar, aunque sea el roce de lo más inocente, cuando estamos especialmente "sensibles".

El orgasmo se produce por excitación del hombre y llega a un determinado punto donde no hay vuelta atrás ni forma de pararlo. El llamado punto de no retorno. Y se produce la eyaculación, inevitablemente.

¿Qué se produce fisiológicamente durante el orgasmo masculino?

- La frecuencia cardiaca se acelera.

- La respiración se hace entrecortada

- Durante la contracción del pene, de la uretra y del esfínter, la respiración se contiene.

- Durante estas contracciones se produce la expulsión del semen.

- Se produce una sensación de placer intenso. Algunos hablan de sensación en que se les contrae el cerebro, que se sumergen en un estado de inconsciencia, deseo de abarcar a su amada con su cuerpo totalmente. Son sentimientos que cada varón expresa como puede. Otros, como si salieran de su cuerpo.

- Después de este estallido de sensaciones viene la relajación. Que se llama *período refractario*. Es un período en el cual el hombre no vuelve a excitarse hasta pasado un tiempo. Varía con cada persona y edad.

La mujer, como ya veremos, puede tener varios orgasmos uno después del otro si se le consigue mantener excitada ese tiempo.

Los orgasmos pueden ser más o menos intensos. Es normal que el varón tenga los orgasmos más intensos cuando tenga relaciones sexuales. Sobre todo, si consigue armonizarse con su pareja. Ella generalmente, va más lenta y el varón debe aprender a estimular y excitarla para que poco a poco se desconecte de los problemas y se centre en disfrutar.

El varón puede estar enfadado con su mujer y tener un orgasmo si tienen relaciones. Él es capaz de separar a su esposa, a la madre de sus hijos, de la mujer de quien está enamorado, o sea, su amante. No le cuesta, excepto que ella lo desprecie y él se sienta humillado, maltratado. En ese caso es difícil que él se sienta con humor para tener relaciones. Humillar a un varón por parte de la mujer de la que está enamorado es de las peores situaciones que puede vivir ese varón. Pero excepto en ese caso, los hombres, en general, no suelen tener problemas para acostarse con la persona que aman.

La mejor forma de retrasar la excitación del hombre es que él mismo esté pendiente de su compañera, e ir acercando a la mujer a su excitación. Para eso hay que contarse en la pareja lo que le excita a cada uno. Irse conociendo. No es un proceso fácil, porque vamos cambiando y lo que antes nos excitaba puede que deje de hacerlo.

La armonización con tu mujer, en el tema sexual, es imposible si uno de los dos no quiere, como en cualquier otro tema.

Al gabinete vinieron una pareja con problemas en sus relaciones sexuales. Eran Ana y Felipe (nombres supuestos).

Nada más entrar nos dimos cuenta de quién llevaba las riendas de la relación. Se notaba que tenía bastante genio.

Ana: *Venimos porque desde hace un tiempo, en las relaciones sexuales Felipe no me satisface. Y, es más, él no se excita como antes.*

Nosotros miramos a Felipe y estaba callado mirando al frente. En todo el rato de la primera entrevista, el marido no habló, excepto cuando nosotros le dimos la palabra. Tampoco decía gran cosa cuando hablaba.

Trini: *Felipe ¿qué dices de todo esto que cuenta Ana?*

Felipe: *Sí. Es así. Desde hace tiempo no disfruto de las relaciones. Y ella es la que se empeñó en venir.*

Se le veía que quería hablar sin ella delante. Cuando quedamos para hablar con él a solas nos pidió que no estuviera Trini. Por supuesto así lo hicimos.

Cuando me quedé con él, le dije que sería bueno que todo lo que contase se lo comentara yo a Trini. Para luego poder hablar con Ana sabiendo la versión suya. Me dio su consentimiento y empezamos a hablar.

Felipe: *Quería hablar a solas contigo porque con Trini delante me da vergüenza. La realidad es que Ana me humilla continuamente, tanto en casa como con los amigos. Siempre me compara con los maridos de sus amigas. Echándome en cara que ella no puede llevar el ritmo de vida de sus amigas. Mi sueldo es bueno, pero a ella no le parece suficiente. Dice que su sueldo lo tiene que utilizar para pagar las cosas de casa. Y que sus amigas, lo que ganan, es para ellas o para comprarles cosas a los niños. Le parece que mi sueldo tiene que cubrir todos los gastos de la casa y su sueldo es para comprarse cosas, ir de viaje con las amigas o comprar algún capricho para los niños. Me siento una piltrafa. Por mucho que me esfuerzo en prosperar en el trabajo, no le parece suficiente. Es verdad que mi sueldo quizás sea el más bajo de nuestros amigos, pero ella no ve que en mi profesión los sueldos no son muy altos por la crisis. Pero sí estoy por encima de la media de mis compañeros de profesión. Siempre le falta algo. ¿Cómo me voy a excitar con la persona que me humilla y desprecia?*

Estos problemas son más comunes de lo que parece. La humillación al varón, para anularlo en su vertiente sexual, para que no le dé la "vara", es un método bastante cruel. Dominar al varón a través de la humillación, castración sexual y del desprecio es un método muy antiguo. Y, por último, se le humilla contándolo a las amigas. Y las amigas a sus maridos. Es lo mismo que pasa con las mujeres maltratadas, humilladas y que se sienten que no merecen respeto. Y aguantan cosas impensables creyendo que son merecedoras de ese trato.

Dejamos este tema tan desagradable pero que es necesario conocer y evitar. Volvamos a la armonización.

El orgasmo en el hombre no es igual si lo tiene solo él y ella no lo alcanza, a si los dos lo tienen más o menos a la vez. Ese sentimiento de disfrutar juntos es increíble. Como cuando disfrutas de una película juntos, que sabe el doble de buena. Pues en el sexo pasa igual.

Aunque se nos anime a disfrutar egoístamente del sexo, no hay nada como compartirlo con la persona que amas.

2.5. EYACULACIÓN PRECOZ

Es probablemente la disfunción sexual masculina más frecuente (un 30% de los varones adultos se quejan de esta disfunción).

Algunos la definen como la "imposibilidad del hombre de controlar su eyaculación".

Es una definición muy ambigua. Muchos hombres al leer esta definición pensarán que tienen eyaculación precoz. En esta definición se meten en el mismo cajón los que de verdad se excitan tan fácilmente que no llegan a completar el coito como aquellos que quieren excitarse, pero sin llegar al punto de no retorno y así alargar las relaciones sexuales y disfrutar más tiempo de ellas.

La Academia Internacional de Sexología Médica la definió "la eyaculación precoz es la condición persistente o recurrente en que el hombre no puede percibir y/o controlar las sensaciones propioceptivas que preceden el reflejo eyaculatorio, produciendo malestar personal y/o en la relación con su pareja (Manual Psicoeducativo para el Consultante. Eyaculación Precoz. 3).

Ésta es la que más nos gusta porque se habla de la imposibilidad de controlar. Es decir, se excita y eyacula. Todo muy rápido, sin posibilidad de aviso o control.

Hace un tiempo vino una pareja, Iraida e Iker, y nos comentaron que él tenía un problema de eyaculación precoz.

Iraida: *A ver, lo que nos pasa es que cuando vamos a la cama Iker se excita al segundo. Le veo que se pone como una moto y va al grano. Sin mediar palabra.*

Iker: *Mujer. Dicho así… La realidad, por lo menos como yo lo veo, es que tenemos dos chiquillos y no es fácil encontrar el momento. Cuando la veo que tiene ganas ¡claro que me pongo como una moto! Porque la quiero y me gusta muchísimo. Y más, que me diga que quiere hacerlo conmigo. Ya sabéis a lo que me refiero.*

Iraida: *Vale, Iker. Pero reconoce que vas como el toro a la muleta. Chico, un poco de pausa. Más despacio.*

Iker: *¡Es que te pones unos modelitos!*

Nos reímos los cuatro por lo bien y clarito que lo explicaban.

Alberto: *¿Cada cuánto tenéis relaciones, más o menos?*

Iraida: *¿Una semana? ¿quince días?*

Dijo mirando a Iker. Él sonrió y dijo.

Iker: *A ver Iraida. Ojalá fueran cada quince. Que ya me parece bastante tiempo. Nos hemos pegado un mes o más sin tenerlas.*

Ahí se produjo un poco de lío. Iraida decía que era un exagerado.

Trini: *Esto pasa casi siempre. A ellos siempre les parece que se tienen pocas relaciones. Y a nosotras nos parecen suficientes o que hay razones más importantes que atender. Pero la realidad es que ninguno tiene, en general, la razón. Os vemos que tenéis dos hijos pequeños y seguidos y eso lleva trabajo y cansancio. Nosotras no nos encontramos con la cabeza para pensar en eso. Y los hombres siempre están dispuestos, aunque estén cansados.*

Alberto: *Tenéis que organizaros. Las relaciones tienen que ser más frecuentes a vuestra edad. Porque os va a venir muy bien. Os sentiréis más unidos. Pero las tenéis que preparar. Sabiendo que un hijo se puede poner malo y habrá que cambiar los planes en algunos casos.*

Trini: *Iker, tienes que aprender a cuidar los previos. Ella no es como tú. Tiene que ir desconectando su amígdala (centro de las preocupaciones) e irse relajando. Cuando ella este así, tú no te atolondres, empezaréis a disfrutar juntos. No tienes eyaculación precoz. El problema es que no estáis armonizados sexualmente. No os conocéis en vuestros ritmos.*

Para no hacer largo el caso. Les dijimos que nos parecía que cada uno iba por su lado. Ella tampoco hacía nada por desconectar de los reclamos que le presentaba su cerebro femenino. La realidad es que cada uno quería lo suyo sin pensar en el otro.

Les dijimos que está bien que los encuentros los pida Iker. Simplemente porque así Iraida se siente deseada y eso la entona. Aunque a veces también es muy bueno que sea ella quien lo pida y seduzca a Iker. Son juegos de seducción muy divertidos y en los que las reglas las pone la pareja.

Cuando volvieron se les veía otros. Más juntos en el sofá de dos plazas que tenemos en el gabinete. Sonrientes. Ella dijo "no siempre nos ha funcionado ¡pero menuda diferencia!". No era eyaculación precoz, era simplemente no conocerse sexualmente ninguno de los dos, ni ellos entre sí.

La realidad es que el problema gordo se produce si un varón se excita de forma incontrolable.

Eso les pasa a algunos jóvenes, sobre todo, que se excitan con mucha facilidad y eyaculan. La eyaculación precoz es un problema para el joven, porque lo que para otros es controlable como besarse, abrazarse y sentir el cuerpo de su pareja, a él le hace tener una eyaculación. Con lo desagradable que es para los dos, ya que le pasará lo mismo cuando vayan a tener relaciones. Él se excitará en los preámbulos y le hará imposible llegar al coito. Nunca llegan a la penetración y eso para la mujer es muy frustrante.

Este problema puede bloquear al varón y no querer tener pareja para no pasar por eso. Su pensamiento es "si me excito sólo con darle un beso o un abrazo apasionado y eyaculo sin remedio

¿qué pasará cuando tengamos relaciones sexuales?" Esto sucede más habitualmente de lo que parece.

En temas de sexo hay que ser muy respetuoso con la sensibilidad del paciente, sus creencias y su vida sexual soñada. Por eso hay que elegir un buen profesional. Que respete la conciencia y la sensibilidad de cada persona. Igual que una mujer está más a gusto con una ginecóloga que con un ginecólogo (generalmente).

Un método recomendado es conocerse a uno mismo y saber qué sensaciones tengo antes de llegar al punto de no retorno. Es un método que funciona, pero puede tener sus límites. Ella debe entrar en ese "juego". Para ella puede ser muy desagradable no poderle abrazar o besarle sin que su pareja se excite y eyacule, ya que ella se da cuenta por las contracciones involuntarias que produce la eyaculación.

El hombre pierde su confianza en poder tener unas relaciones sexuales normales. Y disfrutar con su mujer de esa entrega mutua que tanto placer y complicidad da. Nosotros siempre decimos que una pareja que vive la sexualidad armoniosa y satisfactoriamente, para los dos, tiene menos discusiones y reproches.

Como vemos, el sentir que "tengo eyaculación precoz" es muy personal. Máster y Johnson consideraban eyaculación precoz cuando eyaculaban antes de que su pareja consiguiera el orgasmo. Nos parece que es mucho pedir, ya que influyen muchos factores por los que tu pareja no alcanza el orgasmo. Con todos los respetos para Máster y Johnson, no estar armonizados o que nuestra coreografía sexual no sea la adecuada para una pareja, no quiere decir que él sufra eyaculación precoz.

En resumen, la eyaculación precoz se puede superar, pero requiere disciplina por las dos partes. Hay que irse conociendo. Hay que saber el nivel de excitación que resistimos antes de eyacular. Tanto el marido como la mujer deben ir poco a poco excitándose y él debe avisar cuando empieza a llegar al nivel de no retorno. Y entonces, bajar la intensidad de excitación. Hay que intentar alargar lo más posible, poco a poco, el llegar al coito. Y aprovechar para que ella también se vaya excitando. Se trata de irse acoplando. Que se vayan conociendo mutuamente y saber qué coreografía sexual les va más a los dos.

Esto es fácil o difícil dependiendo de cada pareja. Pero, en cualquier caso, hace falta disciplina y no querer ir muy deprisa porque nos desmotivaremos por no conseguir los objetivos deseados. Este método puede parecer masoquista, pero realmente es el método que mejor funciona, ya que aprendemos a conocer nuestras sensaciones y las de nuestra pareja. Es el más utilizado con variantes y respetando la sensibilidad de cada uno en la pareja. Se debe adaptar a cada pareja. Ese es el trabajo de un buen sexólogo/a. No hay un método inamovible. El sexólogo debe conocer cómo les gusta vivir la sexualidad y adaptar el método a esa manera de vivirla. Si no, la terapia fracasará por incumplimiento.

Recomendar cosas que van contra las creencias o sensibilidad del que viene a pedir ayuda o consejo es un error.

En todas las facetas humanas hay que tener expectativas y metas realistas. Que no quiere decir que no se pueda mejorar. Aconsejar técnicas de autoayuda para reducir la excitación, como la masturbación previa a las relaciones sexuales, no soluciona el problema y puede acarrear otras disfunciones.

El control de la eyaculación siguiendo los ritmos de la pareja no solo no disminuye el placer, sino que con el conocimiento mutuo mejorará.

2.6. QUÉ DEBE SABER LA MUJER SOBRE LA SEXUALIDAD MASCULINA

2.6.1. Señales equívocas.

El juego de la seducción por parte de la mujer es muy importante en el matrimonio. También por parte del hombre, pero estamos hablando de lo que interesa a los hombres que sepáis vosotras.

Cuando no jugamos a seducirnos hay que saberlo y no mandar mensajes equívocos. Es muy divertido ver desde fuera cuando un marido revive un mensaje equívoco y se acerca a su mujer y ésta le mira como diciendo "¿qué le pasa ahora a este hombre?". No podemos olvidar que los hombres nos excitamos por la vista, fundamentalmente. Por ejemplo, estamos en verano y vas más ligera de ropa por casa y se transparenta tu ropa interior. Es normal que él se ponga más cariñoso y algo pesado porque te quiere y te desea. O sales de la ducha sólo con la camiseta porque se te ha olvidado la ropa interior en la habitación y los pantalones. Y él te ve salir. Le faltará tiempo para buscarte y hacerte alguna broma.

En estos casos, si le despides con mal genio o despreciándolo como "¡Qué tío! Sólo piensas en eso. Vete a buscar al niño para darle el biberón y cámbialo. Y deja de hacer el tonto", él se sentirá despreciado.

No quiero decir que haya que ir completamente cubierta por mantas por la casa, sino que, dependiendo como vayas, mandas un mensaje u otro a tu marido. Y él tiene que saber que no vas con la camiseta mojada para buscar guerra, sino para buscar la ropa que por las prisas se te ha olvidado.

La naturaleza, Dios, ha puesto la seducción en la mujer y la excitación sexual por la vista en el hombre no para martirizarnos, sino para divertirnos en nuestra relación de pareja. Y que disfrutemos las relaciones íntimas desde los preámbulos.

No puedes pedir a tu marido que desconecte su conexión vista-excitación y la conecte cuando quieras jugar a excitarlo..., porque es imposible.

2.6.2. El sexo y el amor para un hombre no es lo mismo que para una mujer.

El varón puede tener relaciones sexuales con una mujer que ni conozca y tener un orgasmo. Es la explicación, llevada al extremo, de que existan los prostíbulos. Un varón puede tener relaciones con la misma prostituta mucho tiempo y no enamorarse de ella. Los "gigolos" (prostitutos para mujeres) saben que no deben quedar con la misma mujer. Ya que ella se puede enamorar de él. Los gigolos cobran para que ellas se sientan especiales. Entendidas, disculpadas, comprendidas, deseadas y la mujer entra en ese juego y fácilmente se enamora. Sobre todo, si la mujer se siente sola.

Dicho todo esto, el hombre dueño de sí, sólo quiere tener relaciones sexuales con su mujer, con la mujer que ama, porque es con la que hay entrega, desprendimiento, complicidad. Todo lo anterior son sucedáneos que no llenan y, más bien, dejan un vacío.

2.6.3. Tu marido separa a la mujer que quiere de la madre de sus hijos.

Son compartimentos distintos para nosotros. Una cosa es la madre de mis hijos, con la que me enfadé por temas de los tutores o deberes o un castigo impuesto, y otra es la mujer que deseo, amo y me sacrifico por ella.

Puedo estar enfadado con la madre de mis hijos, pero no con mi amante. No es esquizofrenia. Nuestro cerebro es así. Aunque tú, como mujer, no seas capaz de separarlo, él sí.

Esto ocasiona problemas en la pareja porque los varones no entendemos que lo mezcléis todo. Es para volverse loco. Y, de hecho, es uno de los temas que más duelen en una relación.

Nos cuesta aceptar que no desconectéis de ser madres nunca. Es verdad, no todas las mujeres son incapaces de desconectar como madres, pero muchas no y lo que pedimos es que no nos echéis nuestra paternidad a la cara para no tener relaciones.

"Eres un inconsciente. No te das cuenta de que así no. Sé responsable, madura. No sé qué vi en ti. La verdad". Son frases demoledoras para un varón.

26.4. No me mientas

Si no quieres tener relaciones no mientas. "Me duele la cabeza", "Mañana, que hoy he tenido un día horrible…" Para al día siguiente decir lo mismo y lo mismo al otro.

Los hombres somos simples, básicos, predecibles, etc., pero no tontos. O por lo menos lo intentamos.

Este tema es muy desagradable. Un método más sofisticado es provocar una discusión, con lo cual él sabe que así no hay nada que hacer.

Son métodos que van pasando de generación en generación y que van creando un sedimento o sentimiento de que lo importante es tener controlado al marido castigándole con el sexo. Cuántas veces en el Gabinete nos encontramos con esas situaciones.

La realidad es que es una pena y lo que hay que hacer es hablar y no mentir. El varón se siente despreciado y eso es lo peor para un hombre. ¿Quieres destruir a tu marido? Despréciale haciéndole ver que le castigas con no tener sexo. En algunos ambientes de mujeres se cuentan unas a otras cómo castigan al marido en este aspecto. Y les explican a las "novatas" cómo deben hacerlo. Se creen las más listas. Lo he vivido en reuniones de madres del colegio y en reuniones de amigos. Es verdad que, por lo menos cuando he estado yo delante, ponían tono de risa. Como diciendo "es una broma". Lo que no sabían algunas de ellas es que sus maridos habían tomado una cerveza conmigo y me contaban cómo les despreciaban castigándoles sin sexo. Hombres jóvenes que tenían sexo con su mujer una vez al mes o menos.

Esta forma de actuar es el principio del fin de la complicidad, de la sinceridad, de la fidelidad, del deseo, de la admiración, de la comprensión por ambas partes. Es el final del matrimonio.

2.6.5. Nosotros necesitamos palabras de amor y muestras de cariño.

Mujeres y varones necesitamos palabras de cariño y de amor. Los varones vamos a veces de duros. Y nos cuesta pedir muestras de afecto. Nos es más fácil pedir relaciones sexuales, en general, que una caricia.

Decir "Abrázame. No pasa nada, pero necesito que me abraces" no es fragilidad ni muestra de menos masculinidad. Hay todo tipo de sensibilidades en el trato entre varones, es verdad, pero los varones nos rozamos menos, no nos damos besos al encontrarnos (habitualmente) y en cambio nos chocamos más. Entre hombres, la relación no es tan delicada en las muestras de cariño. Vosotras os dais besos, os peináis, os cogéis las manos, etc. Nosotros nos damos abrazos fuertes, chocamos manos, chocamos los pechos y nos sentimos acompañados por ese amigo. Pero hay veces que nos hace falta la delicadeza de una mujer. Su empatía.

Es verdad que en determinadas ocasiones o en otras culturas, se pueden dar besos cariñosos entre varones. Por ejemplo, dentro de la familia. En mi familia nos damos besos entre los varones al vernos.

Hay veces que necesitamos de nuestra pareja un abrazo de mujer y que nos diga palabras de amor. Simplemente. Sin más expectativas que abrazarnos. En esto es muy importante la sinceridad del varón y la capacidad de la mujer de dejar todo y atenderle. Lo mismo se puede decir al revés. Del hombre hacia la mujer.

Hay que saber pedir y saber dar. No vale dar siempre. No vale pedir siempre. Las caricias son muy importantes en una pareja.

En resumen, pedir unas caricias no es debilidad, es mostrarse humano y necesitado de amor. No somos un ser insensible.

Mujeres, no hagáis comentarios como "¡qué raro! Bienvenido al mundo de los sentimientos". ¡Abrazadlo!

Varones, si necesitáis palabras de cariño, pedidlas. Mujeres, estad receptivas. No guardéis las caricias sólo para los hijos. Hombres, sed un poco más sensibles también con vuestras mujeres. Que muchas veces nos pasamos de secos. No las guardes todas para tus hijos. Fingimos que no nos afecta nada, pero la falta de cariño nos hace mella. Saber que ese corazón sigue latiendo por su amado, que sabe decir cosas tiernas y cariñosas también a su marido nos da mucha seguridad.

2.6.6. Tu admiración hacia mí me une a ti

Ya lo hemos dicho, pero el sentirnos admirados es tan importante como el sentiros vosotras deseadas, comprendidas y entendidas. No elijas ni me pongas al mismo nivel que a nuestros hijos. Me he dado por entero a nuestra familia e igual que yo no te pongo al nivel de los hijos, tú no me rebajes delante de ellos. El respeto que nos debemos no es el que el otro le quiere dar, sino al que cada uno tiene derecho.

Es muy habitual que en las familias la madre eche broncas y salga algún hijo llorando, de un portazo, etc. En general, el padre deja hacer y no se mete en medio.

Pero cuando es el padre quien echa la bronca, todo cambia. La madre sale a veces en defensa de los hijos o, por no dar la razón al padre, suele decir "por favor, no te pongas a su nivel" o "estás perdiendo los papeles". Es poner al padre y los hijos al mismo nivel de madurez y de autoridad.

En la naturaleza pasa lo mismo. ¿No habéis visto a un grupo de leones? Cuando los cachorros están por encima de la madre y llega un momento que se cansa, la leona pega un gruñido y se los quita de encima. El macho deja hacer a la leona. Pero cuando es al revés y es el macho el que se cansa y se los quita de encima, la leona sale en seguida a defender a los cachorros. Y se pone entre los cachorros y el macho. A lo mejor no es el mejor ejemplo, pero salvando las evidentes diferencias creo que vale.

No se puede humillar al padre delante de los hijos porque es lo peor que se puede hacer a un varón como padre.

En el tema de la admiración ya hemos hablado de otros casos. Os remito a esa parte del libro.

2.6.7. No leemos mentes

No me pidas que sepa en cada momento lo que estás pensando. Es imposible. Dime lo que quieres y lo haré encantado, pero tengo que saberlo.

Las sorpresas y regalos entre varones no suelen ser lo habitual. Las cosas se dicen. Las fiestas se preparan. No solemos hacer fiestas sorpresas. No solemos regalarnos cosas entre varones ni tenemos detalles como tenéis entre vosotras. Así que no es raro que me falte esa habilidad que tú tienes. Cuando es el cumpleaños de un amigo nos juntamos unos cuantos y lo celebramos con unas cervezas o una comida. No suele haber regalos. Sólo cuando éramos pequeños, que nos los compraba nuestra madre. No suelen ser muy multitudinarias. Los grandes montajes, en general, no van con el varón. Acuérdate que, cuando celebramos con novias los cumpleaños, siempre hay regalos y sois vosotras a las que os parece mal ir sin uno, porque para vosotras, un cumpleaños sin regalos no es un cumpleaños. Sois más detallistas. Las bodas las montan las chicas. Nosotros las haríamos con muchos menos detalles. Y eso os lo agradecemos. Entre otras cosas porque nos hacéis quedar bien sin haber hecho nada. O si lo he hecho es porque tú me has dicho "vete a por eso", "¿qué podemos poner de detalle?", "¿qué le puede gustar a Pedro?"

Volviendo a que no tengo detalles, ten paciencia y dime lo que quieres. Será, posiblemente, menos romántico, pero nos evitaremos desengaños y falsas impresiones. Con el tiempo, puedo aprender o no. Pero mi mejor regalo es cada día estar a tu lado y esforzarme para que tengas la mejor vida posible. Lo mismo que haces tú. Lo nuestro es un regalo continuo, no unas bengalas de un momento. Me gustaría llenarte de regalos y fiestas sorpresas, pero no me humilles si no llego a todo por falta de imaginación, costumbre u ocurrencia.

Tú siempre te acuerdas de las fechas importantes de nuestra relación. Mi madre hace lo mismo con mi padre. Vosotras, ya lo hemos explicado, tenéis cerebralmente una cualidad más desarrollada que nosotros. La memoria y relación de fechas y acontecimientos importantes emocionalmente.

No me compares con tus amigas en el tema de regalos, siempre quedaré mal.

2.6.8. El trabajo es muy importante para mí

Porque es la manera que me dice mi cerebro que tengo para demostrarte el amor que siento por ti y la forma de cuidarte para que no te falte nada. No subestimes mi trabajo. Me esfuerzo por prosperar, mejorar la vida de toda la familia.

2.6.9. El sexo para el hombre es tan importante como la maternidad para la mujer

Cuando un hombre decide dedicarse a los demás y para eso cree que no debe casarse, lo que más le cuesta es no tener relaciones sexuales con una mujer. No es ser padre, que también le puede costar, pero su sexualidad le llama más que su paternidad. En las mujeres es más la maternidad.

No es habitual que, llegados los cuarenta, un varón busque una mujer para ser madre de alquiler y ser padre. El hombre no concibe la paternidad sin una mujer a su lado que sea la madre de sus hijos. Al revés sí que conocemos muchos casos. Mujeres que, al ver que no encuentran una pareja, compran semen o llegan a un acuerdo con un varón. Y para algunas mujeres sí que es planteable ser madres sin un hombre al lado. Aunque también para ellas no sea lo deseable.

2.7. QUÉ LES PASA A LOS HOMBRES CON EL SEXO

No nos pasa nada. Somos tan distintos en el tema sexual que a vosotras os parece que algo no funciona bien en nosotros. Nuestra área sexual, ya lo hemos dicho varias veces en el libro, es 2.5 veces mayor en nosotros que en vosotras. Esto quiere decir, que pensamos al día casi tres veces más que vosotras en el sexo.

No se puede medir al otro desde nuestra posición de mujer o varón porque así nunca nos entenderemos. En nuestro Instagram, algunas veces cuando hablamos de esto, hay mujeres que nos dicen "que se adapten a nosotras". Pero no se trata de adaptarse, sino de comprender la sexualidad del otro. En un mundo en el que se pide la aceptación del otro tal cual es, algunas mujeres o esposas le piden al varón que cambie su sexualidad porque no la entienden.

Este apartado lo queremos poner porque muchas veces parece que el hombre sólo piensa en una cosa. No es verdad. Pero sí que somos más sexuales, en general, que la mujer.

Cuando esto lo lea una mujer dirá "qué exageración". La verdad es que la mujer disfruta sintiéndose mirada y deseada. Y a los hombres nos gusta que las mujeres sean así. Desde siempre se ha jugado a este juego de seducción. La moda femenina siempre ha buscado destacar las partes del cuerpo de la mujer que más erotizan al varón. Incluso se rellenan las partes que no dan la "talla" o se reducen las que parecen excesivas. Véase todo tipo de rellenos en sujetadores y bañadores, así como reductores para pechos excesivos. Los pantalones efecto "push up" que dan forma a los glúteos y los dejan perfectos. Y si encima resaltamos con el maquillaje los ojos, labios, etc., la verdad es que es difícil no mirarlas.

A la mujer en nuestra sociedad, en general, no se le obliga a vestir de una determinada manera. Faltaría más. Así que todos estos "adornos" los usan libremente y porque quieren ser miradas y deseadas por los varones. Es verdad que también hay varones que van marcando pectorales. Pero no hay en las tiendas de ropa para hombres "simuladores de pectorales". Te los curras o no según tu deseo. Pero entre los hombres da risa ver a un chico comprar un "marca pectorales". E incluso a vosotras os produciría risa. Pero a nosotros no nos parece mal que compréis vuestros sujetadores con relleno o lo que sea. Nosotros también entramos en ese juego.

Pero como casi siempre, todo tiene, en nuestra opinión, sus límites. Porque el mensaje que queréis mandar y el que nosotros recibimos a veces no es el mismo. ¿No os ha pasado que habéis hablado con un chico y creíais que le habíais gustado por su forma de escucharos y de hablaros y luego os enteráis de que no tiene ningún interés? Y os preguntáis ¿entonces por qué se comportó así? La verdad es que él nunca pensó que tú te lo tomarías así.

Pues algo parecido pasa con la forma de vestir. Tú puedes vestir como quieras. Pero un consejo. Pregunta a un varón de confianza el mensaje que recibe. Puede ser tu hermano, un tío tuyo. Tu padre también puede ser, pero a veces no somos muy objetivos. Otras veces sí. Depende de la relación que tengas con él.

Igual que tú no quieres que jueguen contigo, a los varones tampoco les gusta que jueguen con ellos.

Pero volvamos a los chicos. Ellos tienen el área sexual en el cerebro 2.5 veces mayor al de ellas y esa área se excita, sobre todo, por la vista. Con lo cual, un chico que quiere ser dueño de su cuerpo y de su mente no lo tiene fácil. Porque en los anuncios, en las películas, casi todas, salen chicas poco "vestidas". No sé si os habéis fijado, que las que se desnudan en las películas son, sobre todo, las mujeres.

El otro día, viendo una serie de TV, Hawái 5.0., en el episodio hacía un día de mucho calor y el aire acondicionado estaba estropeado. Una de las protagonistas va a su despacho y se encuentra a su compañero, del cual está medio enamorada, sin camisa detrás de la mesa de trabajo de ella.

Después de preguntarle porqué está en su despacho sin camisa, él le contesta que es el único despacho con ventilador. Le dice que se ponga la camisa, que hay que irse. Él comenta "cuando te vayas". Entonces ella le dice "¿no estarás sin ropa?" al contestar con una mirada de "me cazaste ¡Lo siento!".

Le dice su compañera "¡Qué asco! Lo limpias antes de irte".

¿Os imagináis la escena al revés? Que el chico dijera "¿qué estás desnuda? Qué asco". Nos extrañaría y pensaríamos "¿por qué le da asco?" En cambio, en boca de una mujer nos hace gracia y no pensamos que es una reprimida. Hay que recordar que están medio enamorados.

Lo normal en cualquier serie, si en la escena es ella la que está desnuda detrás del ordenador y la mesa, él pondría cara de "vaya, vaya". Y en cualquier serie, generalmente, ella diría "no es lo que piensas". Y se produciría una escena completamente distinta a la anterior. Las mujeres dan menos importancia al desnudo masculino porque sencillamente la mujer se excita menos que los varones por la vista. Entre los hombres, ante fotografías de un modelo varón tapándose sus genitales, la reacción de la gran mayoría de ellos es la sonrisa y pensar que es un motivado. Y entre las mujeres, tampoco causa el mismo efecto que una modelo femenina en la misma situación provoca en los hombres. Y a ellas, ante una chica insinuante y mona no les entra la risa.

El erotismo masculino no va tanto por lo físico como por la elegancia, la caballerosidad, el poder y la palabra.

Por eso cuando a ti, chica, no te parezca erótica una foto no quiere decir que para tu chico no lo sea. Es muy complicado de explicar. Lo hemos intentado, pero no siempre se consigue. El derecho a vestir como una mujer quiera, y el efecto que produce en los que la ven, no se puede controlar. No todos los hombres tienen dominio sobre su cuerpo y mente. Y puede pasar, que provoquemos una reacción no deseada. Cuando lo hemos explicado a grupos de chicas, lo que notamos es un cierto aburrimiento del tema. "¿por qué no puedo jugar a ponerlos nerviosos?" No es que no se pueda, cada una es libre de vestir como quiera. Pero una no controla el efecto o el mensaje que manda a los chicos que la ven. Ellos también son libres de interpretarlo como quieran. Y sobre entender lo que quieran. No puedes obligarles a excitarse hasta el punto de que tú quieras. Aquí todos somos libres y con derechos.

Hay muchos hombres que son dueños de su cuerpo y mente y que no se dejan llevar por el primer impulso.

La verdad es que muchas veces no es fácil.

Igual que los hombres, a veces, mandan mensajes y no son conscientes del efecto sobre las mujeres.

Volviendo al título "¿qué le pasa al hombre con el sexo?" No nos pasa nada. Simplemente somos diferentes a las mujeres y no podemos pedir al varón que en el tema de sexo piense como una mujer ni al revés. Es un tema muy complicado de vivirlo. Aceptarlo sobre el papel es fácil, pero vivir esa diferencia en pareja es muy distinto. Ya que las "necesidades" son muy distintas. Se bromea mucho sobre este tema e incluso se banaliza, pero vemos mucho sufrimiento por ambas partes y, generalmente, es por no aceptar cada uno sus diferencias de sexo.

Los varones no debemos querer que las mujeres piensen como nosotros. Y tampoco las mujeres que los varones piensen como ellas.

2.8. LA DESCONEXIÓN DE LOS VARONES

La comunicación entre varones no es tan continua como entre las mujeres. Muchas veces, cuando hay un grupo de mujeres hablando y están sus parejas, no es raro ver a los hombres desconectados de la conversación. Son tantas las palabras y tantos los temas que o bien ellos no controlan o bien les aburren, y por lo tanto desconectan.

Por eso, poco a poco y si hay espacio, se juntarán ellos para hablar al ritmo que les gusta y de lo que les interesa.

El problema es cuando el hombre está sólo con su pareja y ella le empieza a contar todo lo que ha pasado en ese día con todo lujo de detalles. Suele haber tal aporte de datos y no saber a dónde quiere llegar ella, que muchas veces desconecta. A él le gusta que se vaya al grano. No desviarse de la conversación comentando cómo iba vestida la compañera de trabajo o la profesora del niño. Alguna vez me ha pasado de ir solo a la tutoría de algún hijo nuestro y la tutora decirme, mirando el reloj, "qué rápida ha sido esta tutoría". Si hubiera estado Trini habríamos hablado de si el uniforme está estropeado y dónde se pueden comprar más baratos. O de la carpeta de la tutora que "qué mona es". O de la blusa de Trini comprada en Zara. O el tipo de trenza que ahora está de moda entre las niñas.

En general, nos gusta la concreción; cuando hablamos por teléfono vamos al grano. Media hora ya es una conversación larguísima. En cambio, para una mujer, hablar menos con alguien es decirle que no te importa.

El hombre desconecta cuando cree que es más de lo mismo.

Durante siglos, el trabajo del hombre ha sido, por ejemplo, trabajar la tierra, y estar cavando y hablar es un poco complicado. La comunicación entre ellos siempre ha sido mucho menos importante que la de las mujeres entre sí.

Hablar de personas aburre a los varones, el tema no da para mucho. En cambio, hablar de cosas: de política, de fútbol, de deporte en general…, eso sí da para mucho. Ahí están en su salsa. No es raro que dos amigos vayan caminando y su conversación sea más o menos así:

- *Ramón, mira ese árbol qué forma más rara tiene.*

- *Es verdad.*

Un rato sin hablar.

- *El otro día tuve un lío con el jefe.*

- *¿Ah, ¿sí? ¿Por qué?*

- *Ya sabes, rollos de turnos y las pagas.*

- *¿Y en qué quedó?*

- *Nada, me dio la razón. Vamos, si no, le monto un motín.*

- *Ja, ja, me lo imagino.*

Otra vez silencio, alguna patada a alguna piedra o algún malabarismo con algo. El silencio puede ser tan largo, que a una mujer le pondría nerviosa. A los hombres no.

Sigue el paseo…

- *Me encantan estos paseos, me relajan muchísimo. El otro día lo hice con mi novia y no paró de hablar. Y si no decía nada me preguntaba "¿te pasa algo?"*

- *Es verdad, con Ana (su novia) me pasa igual. Y cuando se enfada con alguien me vuelve loco. Y si le digo "pasa de ella", me dice "¿es lo único que se te ocurre?"*

- *Se rayan mucho.*

Silencio. Algún saludo a gente conocida.

Este paseo puede ser de una o dos horas y no han hablado más. No lo necesitan para saberse amigos.

En resumen, chicas, si vuestro novio no habla demasiado o no entiende cómo hablas tanto por teléfono, no te preocupes. No es que no te quiera. Simplemente, hablar de gente o de sentimientos no es lo que más le atraiga.

No quiere ser uno más. Y menos para su novia o mujer.

Una cosa que debe saber la mujer es que, para el varón que su pareja le admire es muy importante. Los hombres son muy competitivos, en general, y cuando su pareja admira los hechos de otro varón no lo llevan nada bien.

Los hombres desde pequeños compiten con cualquier cosa. Se pasan el día mirando quién corre más, peleas a ver quién es el más fuerte, quién escupe más lejos o más alto, quién sube más alto a un árbol, quién salta más lejos… Cruzar un río, eructos, aguantar el dolor, pulsos de manos, pulso gitano y mil cosas más. Se trata de no ser el pringado del grupo. Hay que ser el mejor en algo. La competición es innata al varón. Esto no debe sorprender a las mujeres. En cambio, los varones alucinan de cómo se examinan las mujeres su cuerpo. Una mujer tiene que saber qué parte de su cuerpo es bonita. Aunque sea el pliegue de la parte trasera de su bañador. Lo miran todo. Pero eso lo trataremos en la sexualidad femenina.

Decíamos que los varones son muy competitivos y que llevan mal que su pareja le llame la atención con los logros de otro varón. A nosotros nos pasó una vez que, en una reunión de amigos, estábamos hablando de qué deportes hacíamos. Uno dijo que él hacía running y que corría tres veces a la semana y que llevaba un ritmo de 6 minutos por kilómetro.

Trini: *¡qué barbaridad!, yo, sería incapaz.*

Nuestro amigo: *Mira, lo importante es calentar bien. Yo caliento como un cuarto de hora y así evito lesiones. No creas que estas marcas las he conseguido en dos días. Es todo un proceso. Hay que planificarlo. Yo tengo un entrenador del club de atletismo que nos dirige. Me da mucha pena esa gente que corre sin una planificación. Yo, por ejemplo, me estoy preparando para la maratón de Nueva York. Bla, bla, bla…*

Yo miraba a mi mujer y no me lo podía creer. Alucinaba con unas marcas que yo pulverizaba. A parte de ser unos años más mayor que mi amigo. Cuando acabó la reunión le dije:

- *¿De verdad alucinabas de las marcas de…?*

- *¡Qué va! No sé ni si son buenas. Pero el pobre lo contaba con tanta ilusión.*

La sinceridad en el matrimonio es muy importante y hay que decir cuándo uno se siente mal por algo que ha hecho o dicho el otro. Siguiendo esta regla, buenísima por otra parte, le dije:

• *Me ha sentado mal que, sabiendo que he corrido la media maratón de Las Palmas de Gran Canaria hace unos días y que hice una marca de 1 hora 56 minutos, o sea, una media de 5 minutos 29 segundos, tú alucinas con la marca suya de 10 kilómetros. Me habría gustado que hubieras hablado de mí. Como hacía la mujer de… (el amigo que chuleaba). O por lo menos no decir nada. Ya estaba su mujer para hablar de él.*

Trini me dijo *"¿de verdad te ha dolido? La próxima vez cuento lo tuyo."*

• *No es que lo cuentes, sino que no le alagues tanto.*

La verdad es que, las siguientes veces que hemos estado en una situación similar y alguien ha hablado de deporte, ella ha contado mis logros deportivos y he visto como a algún amigo ante la exclamación de su mujer "¡qué bárbaro, Alberto!" le cambiaba el rostro. He pensado "¡tómate esa!" Y nos hemos mirado Trini y yo riéndonos de la situación. Esto también nos ha pasado al revés: la amiga, bastante mona, que en una reunión comenta cómo se organiza casa y trabajo. Y su marido dice "la verdad, no sé cómo llega a todo" y yo la miraba. Y Trini, a la salida de la cena me dijo:

• *¡Qué hacías mirando a…, con esos ojos!! cómo no has dicho que yo me organizo con cuatro hijos y una con minusvalía! ¡Ponías una cara de alucine! Y tu mujer qué.*

Desde entonces, siempre que viene al caso hablo de lo orgulloso que estoy de mi mujer, porque es verdad.

Todo esto es para decir que el varón "necesita" saberse admirado por su mujer. Y la mujer valorada. Que no es lo mismo.

Y cuanto más competitivo sea el varón más necesita ser admirado.

Por eso, hay que conocer bien a tu novio/marido. Y saber si es muy competitivo o no. Puede ser que no lo sea, entonces, esto puede importar menos. Pero es importante saberlo y cuidarlo, no vaya a ser que le hagamos daño sin querer. Y por parte del varón decirlo, no callarse y quedarse "rascado".

No es un tema menor para el varón, en general, la competición entre varones. En toda reunión donde hay varones siempre hay, consciente o inconscientemente, quien lleva la voz cantante. A partir de los cuarenta los varones nos vamos serenando,

Pero hay algunos que se morirán peleando por ser el macho alfa. El que cuenta todas sus hazañas de juventud como si los demás no las hubiéramos tenido. Dando lecciones de cómo vivir la vida.

En cualquier reunión de parejas, los varones enseguida organizamos alguna competición, disimulada o no. Lo peor que puede hacer una novia/mujer a su novio/marido es decirle, cuando ha ganado en una de esas competiciones: "¡mira que eres crío! Trae el pan que está en el coche". Y lo que debe hacer es valorar ese "micro triunfo" como si fuera importante. A las mujeres, como hemos dicho, les pasa parecido, pero en cosas que a ellas les parecen importantes, aunque al varón no se lo parezcan.

Hay que disfrutar de ser tan diferentes y saber lo que es importante para el otro, aunque a nosotros nos parezcan tonterías. En esas cosas nos jugamos mucho. La mujer que sabe cuidar estas pequeñas cosas hará que su marido/novio se sienta admirado por ella.

Mujeres, os animo a hacer la prueba. En una reunión de amigos elogia a tu novio/marido por algo que ha hecho en el deporte, trabajo, lo que sea. Siempre hay algo que hace mejor que los demás. Aunque sea escupir lejos los huesos de las aceitunas. Y mirar su cara. Seguro que te come con sus ojos y está encantado. Aunque si es un poco vergonzoso y dice "no es para tanto", él en el fondo no cabe dentro de sí de satisfacción de saberse admirado por su novia/mujer. Podrás pedirle lo que quieras, aunque sea ver esa película romanticona que te encanta y él odia. Seguro que ese día le gusta y la disfruta.

2.9. LA IRA EN EL VARÓN

"El área septal del cerebro masculino es la encargada de la inhibición de la ira y es más pequeña en el hombre que en la mujer" (BRIZENDINE, Louann. "El cerebro masculino". 128), por lo que la ira es más propia de varones que de mujeres. *"Se ha observado que, aunque el hombre y la mujer declaran sentir ira un número similar de minutos diarios, el hombre se pone físicamente agresivo veinte veces más que la mujer"* (BRIZENDINE, Louann. "El cerebro masculino". 128)

En los circuitos cerebrales del hombre vemos como la testosterona y el cortisol (hormona del estrés) activan la amígdala y los circuitos del enfrentamiento. Si se sigue estimulando se activa el córtex motor, que activa los músculos de las manos y los brazos para estar preparados. Y si se sigue estimulando, vemos que, en el cerebro del varón, inundado de adrenalina, cortisol y testosterona se inactivan los circuitos del buen juicio (los lóbulos frontales) por lo que, si alguien no lo calma, llegará a la pelea.

El cerebro del varón ha ido adaptándose a la pelea y la lucha, unas veces para cazar y otras para defender su casa o para la guerra. El hombre, durante miles de años, ha sido el encargado de ir a las guerras, mientras las mujeres eran las encargadas de mantener la casa y los hijos. Ahora todo esto ha cambiado, pero sólo en parte, porque el cerebro del varón sigue preparado para defender a los suyos. Y el de la mujer sigue alerta buscando el bienestar de los hijos y protegiéndoles de posibles peligros.

Hay más peleas entre varones que entre mujeres. Los varones necesitamos desfogar de alguna manera toda la tensión acumulada. El varón del siglo XXI se enfrenta a "peligros" que nada tienen que ver con los de sus antepasados. Sigue sintiendo que debe proteger a su familia. Pero todo ha cambiado en este nuevo siglo. Unos trabajos más sedentarios y estresantes por la competitividad hacen que se vaya acumulando la tensión. Unos la descargamos haciendo deporte. Otros van al fútbol y sueltan todo contra el equipo contrario. Los "calentones" que coge la gente con los partidos de fútbol no son normales. Pero son terapéuticos en personas normales que una vez fuera del campo se van con los amigos a tomar algo.

En general, los varones debemos controlar la ira más que las mujeres. Lo vemos en los enfados en el coche por una maniobra peligrosa de otro conductor, es rarísimo que dos mujeres se peguen por un choque. En cambio, entre hombres es más normal. La palabra oportuna, el cambio sereno de opiniones, la escucha del otro, ver el lado de verdad que tiene el otro, etc., no es lo que se suele ver en esas situaciones. Más bien todo lo contrario.

Durante la historia de la humanidad los varones hemos solucionado los problemas a través de las peleas ya que no había unas leyes y unos jueces que dictaminaran justicia. Hoy, gracias a Dios, tenemos ese respaldo y no hace falta la violencia. Pero se ve en los chicos pequeños o los adolescentes que lo solucionan, muchas veces, con peleas. Es raro que dos chicas se peguen. Está mal visto entre ellas. En cambio, entre chicos es muy habitual.

Varones y mujeres también somos diferentes en esto. Las mujeres son más dadas a las peleas dialécticas y los hombres a las peleas físicas. Todas hacen daño. Las dos buscan la humillación del otro.

La ira es un problema en el varón. Debe educarse y ser señor de su cabeza. Los varones debemos saber que nuestras hormonas nos hacen ver las cosas, muchas veces, distorsionadas. Esto no es exclusivo de los varones; también las mujeres durante su ciclo menstrual están a merced de sus cambios hormonales y deben ser dueñas también de sus reacciones.

Desconocer esta realidad hace que se creen muchos problemas en las parejas. Tanto mujeres como varones debemos ser dueños de nuestros actos y palabras. Hay que saber que un puñetazo a una puerta o una mirada despreciativa son igual de intimidantes. La violencia se mide por el daño que se hace al otro y no hay un baremo universal. Hasta aquí sí, hasta aquí no, esto es más dañino que aquello... La realidad es que todo en el varón es más espectacular y se ve más. Por eso debemos ser muy cuidadosos con nuestras reacciones también para no dar mal ejemplo a nuestros hijos y sobre todo para cuidar nuestro matrimonio.

La mujer debe saber esto del varón. Así valorará más a su marido cuando le vea señor de sí mismo. Y no suponer que viene así de fábrica.

Hay hombres a los que les gusta demostrar su agresividad e incluso pueden parecer atractivos a algunas mujeres por el "dominio" que ejercen sobre los otros varones. Pero estas mujeres deben saber que esa agresividad se puede volver en cualquier momento contra ellas.

Volvemos a resaltar que hablamos en general, en este tema tan delicado, que todos somos únicos e irrepetibles y también nuestros cerebros. A ningún varón, bien conformado mentalmente, le gusta la agresividad. Como a ninguna mujer, bien conformada mentalmente, le gusta la crítica. Pero vemos por la experiencia vital que son temas para controlar de modo preferente en cada sexo.

2.10. LA JERARQUÍA EN LOS VARONES

Los hombres, cuando están en grupo, necesitan una jerarquía. Cuando esa jerarquía está clara y asumida, todos se relacionan bien y están confortables cada uno en su estatus.

El problema viene cuando alguien puede alterar ese estatus. Por ejemplo, en el equipo de baloncesto si llega un nuevo entrenador. Todos los puestos hay que volver a ganarlos. Empieza la batalla para recolocarse mejor. No hacerlo es retroceder en su estatus. Con lo cual la testosterona, el cortisol, la vasopresina (otra hormona del estrés) están en altísima concentración, lo que hace que el varón esté alerta. Los circuitos de la territorialidad hacen que se empiece a sentir angustiado e inseguro por la amenaza del desprestigio y la pérdida de su puesto de jerarquía. Lo mismo pasa con el trabajo profesional. El hombre vive desde su nacimiento la pelea por el estatus. No lo puede evitar. Si ve posibilidades de mejorar su estatus lo hará. El respeto del resto de varones es muy importante.

Puede ser que no vea posibilidades, y entonces no entrará en la "lucha". Un hombre que no lucha por lo suyo, que se deja "ningunear" por el resto de la gente, no es apreciado tampoco por las mujeres, ya que no descubrirán en él alguien en quien apoyarse en la educación de los hijos, ni alguien que sea capaz de defenderlos, y hacerse respetar.

A la mujer, en general, no le gusta el conflicto, pero cuando se trata de sus hijos no se anda con chiquitas y quiere a su lado un hombre de quien fiarse y en quien se pueda apoyar en la lucha de sacar adelante a sus hijos.

No puede fiarse de un hombre que cede en los derechos de sus hijos sin luchar por ellos mientras los hijos de otros padres se aprovechan de esa falta de lucha.

Eso los hombres lo saben y, además, están cerebralmente preparados y también socialmente entrenados para proteger a sus seres queridos. Pensar que entre los hombres sirven las reglas que funcionan entre las mujeres es no conocer ni a unos ni a otros. La madre que quiere que su hijo varón sea respetado por los demás niños varones sólo porque es su hijo, sin lucharlo, es darse contra la pared. Los varones tienen sus reglas, igual que las mujeres y querer cambiarlas porque ahora me viene bien, es soñar despierto.

Es verdad que hay que cuidar los excesos que, tanto en niñas como en niños, se producen con el más débil. El famoso "Bullying" hay que impedirlo y vigilarlo. Pero no estamos hablando del acoso escolar sino de una relación normal y sana entre niños o niñas con sus iguales. Es muy importante el desarrollo normal sin muchas intervenciones de los adultos, excepto en casos claros de abuso, para que desarrollen su personalidad y sepan enfrentarse a la vida cuando sean adultos.

Cuando yo era pequeño, con 7 años más o menos, no me gustaba jugar al fútbol y me gustaban más los coches en miniatura y jugar a los vaqueros. Un niño que no juega al fútbol tiene más difícil hacer amigos. Yo tenía amigos, pero cuando ellos jugaban al fútbol yo me aburría y las conversaciones eran de los equipos de fútbol y de futbolistas. Así que me di cuenta de que, si no jugaba al fútbol, lo tenía cada vez más difícil. Con lo cual, me puse primero de portero (casi nadie quiere jugar en esa posición), después de defensa y al final de mediocampista. Me acabó gustando.

Como padre de colegio he visto a madres, nunca a los padres (podía ser porque son ellas las que van al colegio o porque los padres son varones y saben cómo funciona el mundo masculino), que se empeñaban en que los chicos de la clase de su hijo dejasen de jugar al fútbol y se pusiese a todos a jugar a lo que le gustase a su hijo. Porque su hijo sólo jugaba con niñas y se aburría.

Supongo que con las chicas pasa algo parecido.

Cada chico tiene que buscar su sitio en la sociedad masculina, en este caso, y debe ser él quien lo consiga. Es una forma de crecer y llegar a la madurez. Uno no llega a la madurez sin pulirse y eso se consigue enfrentándose a los problemas y solucionándolos con sus iguales.

En resumen, para el varón es muy importante el buscarse el mejor sitio entre los demás varones, así como el sentirse respetado.

Por eso, el daño más grande o la ofensa más grande que puede un hombre sufrir por su compañera, es sentirse despreciado y humillado por ella.

2.11. PATERNIDAD

Otra de las grandes diferencias entre varones y mujeres es el sentimiento de paternidad-maternidad.

Estamos en una época convulsa y confusa entre los sexos y entre las generaciones, en el auténtico sentido de paternidad–maternidad. Entre los sexos: ya que los roles de siglos pasados han quedado atrás y no valen. Entre las generaciones: ya que los hijos buscan un ejemplo de qué es ser varón o mujer en este siglo y los progenitores se tienen que reinventar, porque los ejemplos de los abuelos no valen. El concepto de paternidad está en entredicho y no se sabe cómo adaptarlo y qué estatus darle.

A este respecto escribe Beck-Gernsheim: *"Sin un contrato entre sexos no habrá un contrato entre generaciones. El futuro del contrato intergeneracional depende de si se logra una nueva configuración de la relación entre los sexos."* BECK-GERNSHEIM, Elisabeth. "La reinvención de la familia: en busca de nuevas formas de convivencia" 57.

Por lo tanto, lo primero que tendríamos que considerar es un contrato entre sexos sobre cómo se vive esa paternidad y maternidad en este siglo XXI.

En nuestra opinión, creemos que se debe buscar ese nuevo sentido de ser padres-madres sin perder el sentido primigenio de comunidad de amor y solidaridad.

Esto lleva a los padres a un gran esfuerzo. En el pacto de los sexos hay un problema que está poco estudiado por lo que hemos podido comprobar en nuestra búsqueda personal, y es la paternidad en comparación con la maternidad. Esto puede deberse a que, realmente, el tema más complicado es cómo encaja el varón-padre en esta sociedad tan cambiante.

Antes, el padre (varón) se dedicaba al trabajo (traer dinero a casa), que en muchos casos era un pluriempleo para mejorar el bienestar familiar.

Ahora ese rol ha quedado obsoleto, ya que la mujer trabaja fuera de casa.

¿Cómo hacemos encajar las cualidades de ser varón-padre en esta nueva familia? Pensamos que no es fácil y que hay que intentarlo desde, prácticamente, cero. Lo evidente es que no puede ser una especie de madre-varón. Puesto que nada tiene que ver la sensibilidad, la inteligencia emocional, el cuidado de los hijos, la protección a la familia, etc., del varón y de la mujer. Hay que buscar cómo encajar las cualidades masculinas en su función de padre en esta familia del S.XXI.

En primer lugar, hace falta que varón y mujer acepten que son distintos y que los dos tienen cualidades específicas para la crianza de los hijos. Se exalta la maternidad frente a la paternidad. En muchos ambientes ponen como ejemplo a seguir la maternidad en el cuidado de los hijos y se pide al varón que sea madre-varón.

Hace falta que la madre sea capaz de admitir que su pareja no puede ser madre y que sólo puede realizarse en el cuidado de los hijos desplegando su paternidad. Que en muchos aspectos no tiene nada que ver con la maternidad en los modos, pero sí en los fines. Es necesario una complementariedad también en la paternidad y maternidad. La conciliación es muy importante para tener hijos con buena inteligencia emocional.

Por eso, también hace falta que haya en la pareja: respeto y amor. Sin el respeto y amor de los padres (varón y mujer) es muy difícil una educación equilibrada de los hijos.

Es importante para los hijos, que sus padres tengan una biografía en común que se alargue en el tiempo. A los hijos les hace falta tener una madre y un padre en muchos momentos de sus vidas. Aportando cada uno sus diferencias con respecto al otro sexo.

Por lo tanto, la familia entendida como padre-madre-hijos, no tendrá futuro si cada uno de los componentes no aporta sus peculiaridades, que le son propias, al resto. Si intentamos pasar todo por el tubo de la "igualdad" lo único que hacemos es perder, por el camino, lo bueno de las diferencias que tiene cada uno.

En nuestra opinión, y de la de más gente dedicada a este tema, como Louann Brizendine, es que debemos dejar al varón ser padre y a la mujer ser madre. Dicho así parece fácil, pero no lo es. Porque como hemos dicho, en la educación sexual actual no se explican las diferencias que hay entre los sexos tales como la inteligencia emocional, anatómico cerebral o psicológica con lo que muchas parejas llegan a la vida en común pensando que el otro es sexualmente distinto, pero mentalmente iguales, o que "yo" tengo la razón en la forma en la que se debe "pensar, sentir" con respecto a los hijos. Es decir, que hay una forma monolítica de educar y de querer y no se valora esa duplicidad del sentimiento de paternidad-maternidad.

Las grandes discusiones de las parejas suelen venir por el tema de los hijos, por cómo sienten la paternidad y la maternidad.

Porque si ser varón y ser mujer es tan distinto, ¡QUÉ DISTINTO ES SER PADRE O MADRE!

En este momento, ¿por qué hay tan pocos trabajos sobre la paternidad y hay muchos más sobre la maternidad? En nuestra opinión se debe a no saber cómo encajarla en pleno siglo XXI. Ya que las mujeres siguen quedándose embarazadas, están al cuidado del hijo los primeros meses, luego vuelven al trabajo y a la conciliación de este con la familia, etc. El problema es encajar al hombre del Siglo XXI en todo eso. ¿Qué hacen los gobiernos? Igualar maternidad y paternidad, pero por el lado de la maternidad. Nuestra experiencia personal y profesional de más de 20 años nos hace pensar que los bebés reclaman más el contacto suave y delicado, compartiendo esos momentos de dar de mamar y de contemplación mutua madre-bebé sin prisa. Estos momentos no los puede dar un varón. Durante esos dos primeros años es insustituible la madre. Los gobiernos, haciendo caso omiso a esta realidad se dejan llevar por el igualitarismo, que no es igualdad, si no uniformismo y se aumenta el permiso paternal, en vez de aumentar el maternal. Sin preocuparse de si el bebé necesita más tiempo a su madre que a su padre en esta época de la vida.

Lo primero que hay que considerar es valorar al varón como padre, no como un sucedáneo de la maternidad. Se necesita un varón-padre no un varón-madre.

Por otra parte, la sociedad debe valorar el aporte del varón a la relación conyugal; en lo que tiene de diferente. No simplemente en un "reparto igualitario" de tareas.

Hay que ver qué cualidades tiene cada uno, de qué tiempo dispone cada uno, para que luego, cada pareja se reparta las tareas de la familia. No se pueden dar soluciones generales a problemas que son muy particulares. No se puede, desde la sociedad, sobrevalorar a la mujer en detrimento del varón. Porque ya vimos que ese método no sirve. La anterior sociedad machista sólo consiguió que la mujer se doblegara al hombre. Pero si lo hacemos al revés, sólo obtendremos los mismos errores de antaño, pero con otro signo.

En esta sociedad tan poliédrica, con tantos cambios, interconectada por todas partes, con mensajes tan distintos, incluso opuestos, hace falta mucha inteligencia para buscar la intimidad familiar. Buscar ratos en los que se vive en el calor de la familia, donde cada uno de sus miembros puede ser él mismo, sin tener que aparentar lo que no es.

El varón, al convertirse en padre, ayuda a romper "el cordón umbilical" que a la madre le cuesta mucho más romper. Da más libertad y supervisa menos los juegos. Son juegos, los del padre, más bulliciosos y físicos. Son más impredecibles. Con lo que obligan al hijo a estar más atento. Libera a la madre de la "esclavitud" de los hijos. Los hijos, en muchos casos, abusan del cariño de sus madres y es el padre el que corta esa relación que puede llegar a ser perniciosa.

Los padres enseñan a los hijos a ser más fuertes frente al dolor y el sufrimiento. En general son ellos los que les quitan importancia a las heridas o golpes que sufren en los juegos, porque la primera reacción es buscar el consuelo de la madre. Y los ayudan a superar ese mal rato. También suelen ser más firmes y estrictos en los castigos.

Por otro lado, la madre es el referente emocional de la familia. Suaviza las relaciones entre el padre y los hijos. Escucha mejor que nadie. Es capaz de ponerse en el lugar del otro. No se impacienta tanto como el varón, con los defectos o posibles fracasos de los hijos. Sus juegos son más tranquilos y predecibles; son más serenos y da seguridad a los hijos porque ya conocen las reglas de ese juego. Consigue acuerdos con los hijos, sin imponerse.

Como se puede ver, son cosas que se pueden deducir de cómo es el varón y cómo la mujer. Todo lo que vaya en contra de esto está llamado al fracaso. No se puede modelar al varón o a la mujer al gusto de "no sé quién".

Los hijos varones necesitan un referente de lo que es un padre del Siglo XXI y las hijas lo mismo.

Como conclusión, se puede decir que la riqueza de ser varón o ser mujer no se debe abolir. La sociedad necesita a los dos y prescindir de uno de ellos es volver a cometer los mismos errores que se llevaron a cabo con las mujeres, en tiempos no tan lejanos y que hoy en día se siguen cometiendo en muchas partes del mundo.

3. SEXUALIDAD FEMENINA

3.1. INTRODUCCIÓN

A la hora de entender y explicar determinadas maneras de ser de la mujer, de sus actitudes ante diferentes situaciones, no nos podemos olvidar que su vida está, definitivamente marcada por el flujo de las hormonas y que éstas la acompañarán durante toda su vida sin dejarla "respirar", sólo durante un pequeño período, al principio de su vida (infancia) y ligeramente al final.

Vamos a contar resumidamente cómo se desarrolla toda esta aventura hormonal durante la vida de una mujer.

Durante nuestra primera infancia no nos dan demasiados problemas. Solemos ser tranquilas, en general nuestros juegos no suponen conflicto porque sí es cierto, que nuestros cromosomas XX algo ya intervienen en esos primeros años y uno de sus efectos es que no nos gusta nada el enfrentamiento y los enfados.

Hemos pasado esta primera infancia tranquilas… pero seguimos cumpliendo años con gran alegría por nuestra parte, porque esto es "lo más"; el deseo de hacerse mayor nos puede llegar a quitar el sueño.

Y cuando llegamos a los 10-11 años (depende de cada una y de su evolución), empezamos a preguntarnos qué es eso de la regla; por qué nos fijamos más en los chicos mayores; si me mira el primo de mi amiga cuando quedamos todos juntos; en fin… empieza la función.

Este es el momento en el que nuestro cuerpo empieza a soltar hormonas, los ovarios ovulan, y ¡zas!, nos baja la regla.

Horror y no horror. Me explico. Nos hemos pasado meses hablando con nuestras amigas de si me baja o no me baja:

- *¡A Sonsoles ya le vino, pero es que está súper desarrollada, es como un armario!*

- *¡Pilar ya con 13 años no la tiene, pero es que es esmirriada como un espárrago!*

- *Qué raro... Marina, con lo normal que es y todavía no le ha venido... Pero en cambio a Isabel sí.*

Así podemos estar recreos y recreos, hablando hasta el infinito del tema.

Pero, de repente, nos toca a nosotras. Y por eso digo eso de qué horror. Nos damos cuenta de que tampoco es para echar cohetes. Empezamos a notar cambios de humor que no entendemos demasiado, hay que estar pendientes de no mancharse, nos tenemos que cambiar con frecuencia... En fin, tenemos más tareas que antes con nosotras mismas, además de lidiar con esos cambios de carácter que nos flipan a nosotras mismas, además de a nuestra madre, nuestro padre, nuestros hermanos, amigos, compañeros, profesores, el panadero, el del súper, el repartidor, el del bus; ¿dónde está aquella niña dulce y bien educada? ¿Quién es este adefesio lleno de granos asquerosos que encima está de un humor malísimo y sólo contesta con monosílabos, si es que llega a contestar a lo que le preguntamos?

Pues somos nosotras, pero ya convertidas, por obra de las hormonas, en mujeres. Y empieza el largo camino de aprender a conocernos en esta etapa, a saber, que esos cambios son debidos a las subidas y bajadas, CADA MES, de los estrógenos y la progesterona; que no nos pueden sorprender y tenemos que aprender a controlarlos para evitar caer en la tiranía de estas chicas y ser de verdad dueñas de nuestro cuerpo y de nuestra cabeza.

Aviso a los navegantes: no es fácil. Es más, ¡hay días en los que es francamente difícil! Porque se pueden unir molestias de tipo físico, porque tenemos un flujo muy grande de sangre y es muy incómodo… Sin embargo otros meses podemos pasar el período sin demasiados problemas…

Así será durante toda nuestra vida, con esas subidas y bajadas intentando controlarlas y que no sean ellas las controladoras.

Hasta que nos llega la menopausia… Ese final un poco complicado (somos mujeres) con sus sofocos, sus alteraciones de sueño, de humor, de fragilidad ósea, vamos, como al principio.

Pero también es cierto, que una vez superada, la vida para nosotras se vuelve un poco más calmada (hormonalmente hablando).

Es bueno saber que las hormonas de los varones tienen una manifestación mucho más estable; las nuestras no tanto.

Y es súper importante conocerlo, estudiarlo, darle la importancia que tiene y saber colocar esta faceta en nuestra vida.

3.2. LA ADOLESCENCIA

Yo creo que todas recordamos nuestra adolescencia. Esa etapa maravillosa y desconcertante para nosotras mismas y para los que nos rodeaban, desde nuestros padres a nuestros hermanos o hermanas, los profesores y en general todo nuestro entorno.

Ya hemos tenido nuestra primera regla y empieza el baile de hormonas. En esta etapa podemos ser las mujeres más felices de la tierra o las más desgraciadas.

Recuerdo hablar con mis amigas y comentar de todo, desde cómo teníamos el pelo, las famosas puntas que nos las mirábamos con arrobo si estaban bien o le suplicábamos a nuestra madre que nos llevara al peluquero porque aquello era un horror, o los pelos de las piernas (pelusa generalmente), o la forma de las manos y las uñas (*todo un tema*). O si teníamos los pechos grandes o pequeños, o si la forma de nuestras piernas era la de las modelos o las teníamos torcidas. Vamos, que nos mirábamos y remirábamos. Y, además, lo comparábamos con esas mismas amigas o con otros modelos que podíamos ver que nos parecían lo más.

Las adolescentes se suelen mirar su cuerpo hasta la saciedad buscando defectos, porque lo que busca es sentirse deseada. Y cualquier grano puede echarlo todo a perder.

Uno de los motivos de esta búsqueda incasable de la perfección física está en la existencia de esas hormonas, el estrógeno y la progesterona, que contribuyen a que nuestros circuitos cerebrales se vuelvan lo más sensible del mundo buscando, en nuestro entorno, la aprobación y la aceptación de los demás.

Había días que salíamos de casa con el guapo subido y éramos las reinas del mambo; nos comíamos el mundo. Todo en nosotras nos gustaba, habíamos acertado con la ropa que nos habíamos puesto, en clase contestábamos a la primera, no había nada que se nos pusiera por delante. Y a los cuatro días, estábamos tiradas por los suelos porque nos veíamos feísimas, no nos gustaba nada de los que llevábamos puesto, nuestro hermano mayor se metía con nosotras porque decía que estábamos feas hasta meter miedo… En fin, todo era un puro drama. Encima, al llegar al colegio o al instituto, nuestra mejor amiga no nos hacía ni caso y no dábamos una con los problemas de matemáticas. ¿Lo recordáis? Yo, todavía me río al acordarme de aquello. No nos entendíamos ni nosotras mismas y nadie nos explicaba el porqué de esos cambios en nuestro carácter e incluso en nuestro queridísimo cuerpo.

Tenía y tiene una explicación súper clara. Se debe a esas tiranas de nuestro cerebro que tendremos que aprender a conocer y a controlar si no queremos estar dominadas por ellas.

Al principio del ciclo tenemos una concentración muy alta de estrógenos. Estos hacen que nos sintamos seguras. Las famosas reinas del mambo. Durante esta parte del ciclo no nos importa que nos hagan comentarios más o menos desagradables, somos capaces de asumirlos sin problemas. Pero ojo, durante las dos últimas semanas del ciclo estos estrógenos bajan y sube la progesterona ¡se armó el lío! Nos sentimos irritables e inseguras. Toda la confianza que teníamos en nosotras mismas ya ni la recordamos, el mundo es injusto, a nuestra familia no hay quien la soporte y cuando nos llaman la atención nos vamos a nuestra habitación dando portazos y diciendo que nuestros padres no nos entienden, que solo saben dar órdenes y decirnos que estamos insoportables.

Y esto un mes y otro y otro, y nosotras bailando al son de nuestras tiranas, las hormonas.

Recuerdo una madre que vino al Gabinete a contarnos acerca de su hija de 14 años que la estaba volviendo loca. La madre se llamaba Angélica y la hija Paloma

Angélica: *De verdad que ya no sé qué hacer con ella. Hay días que es una monada, como mi niña de hace unos años, todo dulzura y obediencia. A los diez días es una hidra de 7 cabezas. Todo le molesta, se encierra en su cuarto y se pone a oír música con los auriculares y es imposible mantener una conversación con ella.*

Alberto y yo le fuimos preguntado cada cuánto le pasaban esos cambios; cómo iba en el colegio, si tenía amigas y si solía salir con un grupo de gente.

Angélica: *Veréis, el mayor problema que tengo es que es muy buena en los estudios. Desde siempre ha sido una niña que en este tema jamás nos ha dado preocupaciones, por eso no puedo utilizar el arma de las notas, porque no me sirve.*

Lo he intentado con la ropa y el ir de compras con ella como una recompensa o castigo según fuera el momento. Pero amigo, hay veces que llegamos a la tienda y todo le encanta, todo le sirve, con todo se ve guapísima y, otros momentos que ya podemos ponernos lo que esté más de moda que se ve horrible y salimos con las manos vacías y un humor de mil demonios.

Le explicamos que tenía una hija de libro y que, además, si era buena estudiante era muchísimo el terreno ganado, porque generalmente en esta época, es uno de los temas que más se suelen resentir. Que tenía que enseñarle a conocer su ciclo que era el principal causante de esos cambios; que una vez conocido, había que aprender a controlarlo y saber cuáles eran esos momentos altos y bajos para que no se desesperara ni con ella misma ni con los demás.

Otra de las cosas que nos solían pasar es que teníamos una amiga del alma. Con ella íbamos a los recreos, estudiábamos juntas, nos sentábamos juntas en clase, nos llamábamos nada más llegar a casa con la excusa que fuera, deberes, trabajos y luego, hablábamos de todo menos de eso. Y nuestros padres alucinando…. ¡Pero si acabas de estar con ella! No lo entendían. Nos lo contábamos todo.

Pero, si por el motivo que fuera o se marchaba a vivir a otra ciudad o se hacía más amiga del alma de otra, aquello nos hundía en la miseria. Nuestra vida ya no tenía sentido y pensábamos que jamás tendríamos otra vez una amiga así, que con nadie tendríamos la confianza que con ella.

Y por supuesto, el capítulo chicos. Qué fue aquello, ¡qué descubrimiento!

De hecho, en esta época, el descubrir que podíamos gustarle a alguno era una de nuestras formas de realizarnos. Y la de tonterías que solíamos hacer para llamarles más la atención.

Recuerdo al primo de una amiga mía, un poco mayor que nosotras, que era un cielo. Tenía un perro dálmata. Y no se me ocurrió nada mejor que pedirle a una tía mía, que también tenía uno, si me lo dejaba para sacarlo a pasear… cuando jamás se me había ocurrido semejante cosa. Mi tía, más buena que el pan, me dejo el perro. Y allí me fui, detrás del perro que corría muchísimo a pasearlo por la calle donde vivía el famoso primo, con la esperanza de que saliera con el suyo. Con tal mala pata que, al encontrarnos, los dos perros eran hembras y se liaron a ladridos… No me quiero acordar… Allí se murieron mis esperanzas de poder verlo alguna vez más. Volví a casa de mi tía jurando en arameo y diciéndole que volvía a pasear al perrito Rita la Cantaora, que me había dejado en ridículo y que nunca más.

Ahora mismo, las adolescentes viven las relaciones con los chicos de otra manera.

Quizás la diferencia entre las de hace tiempo y las de ahora, es que las de ahora tienen más dificultades de hablar de príncipes y princesas, no tanto porque no les guste, porque en el fondo todas lo buscan, sino porque si lo dicen muy alto las tachan de inmaduras y de estar con la cabeza llena de pájaros y que hay que ser más moderna y meterse de cabeza en la relaciones sexuales, sin tener en cuenta que en estas edades los chicos y las chicas las viven de manera distinta.

El sexo, las mujeres lo vivimos de otra manera que explicaré en otro capítulo, pero en estas edades hay una cosa fundamental. Se enamoran del guaperas de clase, este les hace caso y a los pocos meses, puede ser que le pida tener relaciones sexuales ¿Qué pasa en la cabecita de estas niñas? Que ellas iban buscando el amor verdadero, que se habían entregado al amor de su vida y resulta que ese amor no es tal, sino que él buscaba un buen rato porque la niña era una monada y, una vez conseguido el objetivo, se van a por otra porque no esperaban más. Y puede que él piense que ella quería lo mismo.

Ella se queda hecha polvo porque su pensamiento iba por otro lado, y como consecuencia, piensa que todos son iguales y comienza así una serie de relaciones que la van llevando al desencanto y a la frustración y, sobre todo, a la incapacidad de saber buscar ese amor que de verdad la hará feliz.

Por no hablar de los padres varones que, en general, no entienden nada. Si la acompaña a comprar ropa, nada le queda bien. Y se miran por delante y por detrás. Y el padre se pregunta "¿qué diablos hace?". Y se quedan paralizados si ellas, al verse en el espejo, al ver que no le queda como esperaba, se pone a llorar o a decir que nada le queda bien.

Su pasaporte es su cuerpo, mucho más que para los chicos.

Si a un chico le preguntas qué le gusta de su cuerpo te mirará con cara rara.

Si se lo preguntas a una chica te hará una lista de más a menos y te dirá lo que no le gusta y cómo lo compensa con lo que sí.

Su cuerpo empieza a tomar formas femeninas y les gusta que los demás se den cuenta. Hay que estar pendientes porque pueden pasarse "tres pueblos".

Ellas, en general, no saben el mensaje que mandan a los chicos. Ellos también están cambiando y si ven chicas demasiado "sexys" el mensaje que reciben no es "hola quiero que me veas como una amiga y me gustaría tomar un café contigo", sino todo lo contrario, ya que ellos en un principio lo único que ven es un cuerpo bonito.

Ellas tienen que entender, que quieran o no, el mensaje que mandan lo leerán los chicos con cerebro de chico.

En ocasiones es complicado explicar a una madre este tema (cómo ayudar a elegir a su hija la ropa más adecuada) porque lo ve con cerebro de mujer. Por eso, las madres tenemos que saber explicarles a nuestras hijas la manera que tienen de reaccionar los chicos ante determinadas maneras de vestirse. Por supuesto que, existe la libertad y "el me visto como me da la gana", pero hay que recordarles que, como todas las decisiones de nuestra vida, tendrá unas consecuencias y hay que conocerlas y valorarlas antes de comprar determinada ropa.

Hay muchos libros sobre sexualidad masculina y casi nunca se habla de los varones como dueños de su sexualidad, en el sentido de señorío, de no dejarse llevar por todo lo que se mueve. Habitualmente se les anima a tener una sexualidad sin control. No está bien visto el señorío en este tema, excepto cuando la cosa se desmadra. Y se dice que la erotización que se hace de la mujer, no les afectará. Es como si se supusiera que a ellos no les costara ser dueños de su cuerpo y mente. Lo mismo que si dice uno que no le cuesta ir a trabajar. Nos cuesta a todos. Pues en este tema si uno dice "me cuesta dominar mi cuerpo", con la mentalidad de ahora, es lo mismo que decir soy un reprimido. Y en cambio, si uno que dice "voy a trabajar", aunque no le apetezca, ese no está reprimido. En los dos casos si no se domina la tendencia del cuerpo al mínimo esfuerzo, cada vez les costara más. El autocontrol es lo que nos diferencia de otras especies. Tenemos que ser dueños de nosotros mismos.

Cuando esto lo lea una mujer dirá "tampoco es para tanto". La verdad es que la sociedad actual está erotizada, pero sobre todo mostrando la parte erótica de la mujer. La moda está pensada no sólo para que la mujer esté guapa, sino para marcar las partes del cuerpo de ella que más erotizan al hombre.

Las mujeres tenemos, por naturaleza, el deseo de ser deseadas y nos encantaría ser la más popular entre los chicos. En edades de 15 a 20 las más populares son las que más provocativas se visten. De eso no hay duda. Pero no quiere decir que sean las más deseadas. Eso las chicas lo confunden muchas veces. El tener varios moscardones o la mirada de los chicos no quiere decir que sea la "top", "la chica 10".

Ellas pueden decir "qué chica tan mona" y ver revistas de moda femenina y gustarles esas modelos y seguirlas en IG. En el mundo masculino eso no se da la mayoría de las veces.

A un varón, cuando le enseñan una revista de moda masculina, se fija en la ropa no en el modelo. En cambio, cuando ve una femenina no se fija en la ropa, sino en la modelo.

Cuando un chico y una chica están juntos a estas edades sus necesidades, su forma de comunicarse, de relacionarse, de todo, son tan distintas que si fueran sinceros nos dirían que se aburren juntos. Y hay que explicarles el porqué.

3.3. EL ROMANTICISMO

¿Cómo? Con lo bonito que es el amor no buscado y encontrado. Ese amor que lo da todo y no pide nada. Alguien que me espera en algún lugar y el destino me lleva a él. Él adivinará mis deseos y seremos eternamente felices.

Hoy todavía se educa a muchísimas niñas con esas premisas "El amor te llegará cuando menos lo esperes", "el amor es un huracán que arrasa con todo para hacerse hueco", "donde el amor nos lleve", "no seas reprimida y déjate llevar por la aventura", "no seas buscona mujer ¡Que te busque él!", etc.

Ya sabemos que todo esto es "muy bonito" (teóricamente). Pero la realidad, nos guste o no, es que nos casamos con la persona que, debido a nuestra buenas o malas decisiones, hemos elegido.

Es muy importante que nos demos cuenta de que hay que prepararse para el amor. Qué para enamorarse hay que estar dispuesto. Qué no se puede salir con cualquiera. Y que podemos decir no al amor si no nos conviene ese chico.

Hay que explicar que nuestros padres se casaron porque quisieron. Pero podían haberse enamorado de 1000 personas diferentes y ser también felices. Es que, si les contamos que "sólo tu padre/madre me podía hacer feliz" nos metemos en un determinismo muy peligroso.

Es preferible hacerles pensar que es más bonito que alguien, pudiendo elegir a 1 millón de chicas, te haya elegido con tus virtudes y defectos, libremente. Y no pensar que el destino le condenó a ti.

Hay muchas chicas que no saben cómo enfocar el tema y lo relegan porque "el amor llega" y la carrera profesional les reclama toda su atención. De manera que se preparan para ser unas profesionales perfectas, pero no para tomar una de las decisiones más importantes de la vida: encontrar la pareja.

Las mujeres tenemos que aprender a buscar al hombre que coincida con "nuestros principios vitales" de la misma manera que nos esforzamos en descubrir nuestra vocación profesional.

No podemos cargar a Dios (para los creyentes) la responsabilidad de una mala elección.

Somos responsables de nuestra vida y sólo nosotras somos dueñas de ella. Así que a luchar y meter la cabeza en la elección más importante de nuestra vida.

3.4. EL SENTIMENTALISMO

El sentimentalismo hace que nos rijamos por el "corazón" (entendido como algo irracional e incomprensible) y no por la cabeza (entendida como el saber lo que quieres y no dejarse llevar por el sentimentalismo).

"Donde el corazón te lleve" como el título de un conocido libro es un "mantra" que nos repiten y nos repiten. "No fuerces el corazón si no sientes nada, déjalo", "el amor brota como el agua del manantial sin esfuerzo".

En realidad, el amor, como la vida, tiene sus fases: infancia, adolescencia y madurez. Cada una con sus características.

El amor en su fase de "adolescencia" tiene mucho de "catarsis" y, como en la adolescencia biológica, no nos entenderemos ni entenderemos a los demás. La realidad es que en esta época lo peor es dejarse llevar por el sentimentalismo.

Si lo que quieres es reforzar y salir de la adolescencia de tu amor habla con tu pareja, tendréis que volver a conoceros, a miraros, etc.

Os lo creáis o no, esto es crucial en el amor para que crezca. Todos tenemos que pasar por eso para crecer, ya que lo que no nos ha costado no se valora.

Y, de la misma manera que cuando pasamos la adolescencia biológica llegamos a la madurez (si la hemos pasado bien), en nuestra relación también llegaremos a esa otra manera de querernos mucho más fuerte, porque hemos sido capaces de capear el temporal y salir fortalecidos. Nos conoceremos mucho mejor, con nuestras virtudes y defectos, y nos querremos de una manera mucho más realista. Disfrutando de nuestra relación como nunca.

3.5. CÓMO FUNCIONA EL SEXO EN LA MUJER

Para hablar de cómo funciona el sexo en la mujer, primero debemos tener claro que podemos disfrutar del sexo exactamente igual que el varón, pero con nuestra manera de ser.

Es cierto también que el hombre tiene el área sexual de su cerebro 2,5 veces más grande que el de la mujer, y esto tiene como consecuencia que, en principio, parece que ellos disfrutan más. Nada más lejos de la realidad si nosotras sabemos y conocemos cómo funcionamos.

En primer lugar, hay que saber que tenemos que aprender a desconectar de todos los reclamos que tenemos alrededor.

En nuestro cerebro tenemos la amígdala, que es el centro encargado de lo relacionado con el temor y la ansiedad. Si no conseguimos desconectarla de todo lo que nos rodea (los hijos, la compra, la discusión con el jefe, problemas de trabajo, el dinero, mil cosas) no seremos capaces de disfrutar de esa relación.

El sexo es lo único que no podemos hacer a la vez que otra cosa. Y tenemos que pensar sólo en disfrutar, no en terminar cuanto antes porque tenemos un montón de cosas que hacer.

No llegamos al orgasmo tan rápido como los hombres, no por nada especial, sino porque nosotras funcionamos de otra manera. Hay que aprender en primer lugar, a querer de verdad tener esas relaciones, entre otras cosas porque son estupendas, son la mejor manera de unirnos más a nuestro marido, a nuestra pareja. Unas buenas relaciones sexuales en las que los dos disfrutamos de ellas, cada uno a su ritmo, son una auténtica fuente de unión que cada vez se hará más fuerte.

¿Cómo conseguimos disfrutar de esas relaciones?

En primer lugar, como he dicho, hay que quererlas, hay que buscarlas. Que no sea nuestro marido el que siempre lo reclama. Pero para quererlas, hay que saber disfrutarlas.

Y para disfrutarlas hay que hablar con nuestro marido de cómo queremos que nos trate, cómo nos gustan que sean los preliminares, los que irán haciendo que nuestra amígdala se desconecte y no estemos con la cabeza en otras cosas. Si estamos distraídas seguro que no lo conseguiremos.

Ellos van más rápido que nosotras. Se excitan sólo con vernos con la ropa interior, pero nosotras necesitamos un poco más de tiempo. Hay que decirles qué nos gusta, qué partes de mi cuerpo son más sensibles a las caricias, que nos digan que somos el amor de su vida, que estarían perdidos sin nosotras, que menos mal que nos tienen a su lado, que somos la razón de su vida, que somos la mujer más guapa y sexy que hay en la tierra. En definitiva, que ese encuentro esté precedido de cierto romanticismo porque así sí que desconectaremos y podremos empezar a disfrutar.

Cuando nuestra vulva entra en contacto con su pene antes de que exista la penetración, nuestro clítoris, que está conectado directamente con el centro del placer empieza a notar calor y empezamos a sentir humedad en nuestra vagina, con lo que se facilitará la penetración y comenzaremos a sentir unas ondas que van creciendo y creciendo, siendo capaces de soltar un montón de sustancias neuroquímicas que van a desencadenar una ola de placer espectacular. Vamos así, derechas, a que exista esa penetración, de tal modo que, al introducir el pene, nuestro clítoris se enciende al rojo vivo y llegaremos al orgasmo, teniendo en cuenta que nuestros orgasmos pueden llegar a ser varios, no como ellos, que una vez que han eyaculado ya se acabó. Nosotras somos como los carbones, tardamos en encendernos, pero una vez que lo hemos hecho, esa sensación puede durar muchísimo, dejándonos con un ansia y un calor en nuestro interior que puede tardar en apagarse.

Es importante saber decirle por dónde quiere que vaya, no nos podemos cortar, se supone que hay confianza y cariño, que esa relación que estamos teniendo no sólo es un escape a la necesidad de sexo, de sólo buscar el placer físico; se trata de algo mucho más profundo, de demostrarle nuestro cariño no sólo con el cuerpo, sino con nuestra cabeza, buscando que él también disfrute con nosotras, de sentirnos unidas a él de una manera tan rotunda que dejamos de ser dos para ser uno.

Otra cosa que tenemos que decirles es que, una vez que él ha eyaculado no se retire rápido, porque puede que nosotras todavía no hayamos alcanzado el orgasmo y es necesario que el pene, aunque ya no esté tan duro, siga dentro de nosotras.

En relación con este tema hay una pregunta que nos hemos hecho muchas veces y que, en muchos casos ha sido motivo de consulta en el Gabinete ¿Por qué la falta de erección es un problema en el hombre y la desgana sexual o la no consecución de los orgasmos en la mujer no?

Es un tema para pensar. En la carrera de medicina se dedica más tiempo en anatomía al estudio del pene que al clítoris de la mujer. Como órganos de excitación sexual deberían estudiarse los dos por igual.

Ahora se habla mucho en sexología del clítoris como si fuera un pene pequeño, pero no lo es. El órgano sexual femenino no es el clítoris sólo, es el conjunto que rodea la abertura vaginal, la uretra y el exterior de la vagina que están llenos de nervios y vasos sanguíneos que van al clítoris. Por eso sentimos calor, porque al excitarse se llenan produciendo esa sensación de calor y de humedad.

Es también importante darnos cuenta de que la mujer no ve su aparato reproductor, ni ve cómo se va lubrificando, ni de dónde le llega el calor… sólo siente, no ve nada. Es muy diferente a la manera que tiene él de excitarse, él lo ve todo. Nosotras no vemos, sólo sentimos.

Sentir sensaciones, sentimientos… Nos pueden reprochar muchas veces que vamos con el corazón en la mano, que somos unas sensibleras; pero si una de las partes más importantes de nuestro cuerpo, el órgano sexual no lo vemos, sólo lo sentimos y añadimos a esto que cuando damos a luz, en un parto normal, tampoco vemos cómo nace nuestro hijo sólo sentimos dolor (otra vez el sentimiento), creo que podemos estar disculpadas si en algún momento somos un poco más sensibles.

Cada pareja es distinta, viven su sexualidad entre ellos de manera diferente, pero insisto, qué importante es hablar sin tonterías, sin falsas vergüenzas pensando que es un asco o ¡qué horror! Cómo voy a decirle esto.

Y también saber que al principio de la relación las relaciones sexuales suelen ser más frecuentes, más placenteras para los dos, pero que, con el paso del tiempo y el aumento de las preocupaciones, las que sean, a nosotras nos afectan mucho más que al varón. Por eso es importante una buena comunicación desde el principio, para que aprendamos a conocernos en esta faceta, que, si bien para nosotras no es tan fundamental como para ellos, pero es una parte de nuestra naturaleza que está ahí y que tenemos que aprender a perderle miedo y a saber disfrutar de ella.

3.6. EL ORGASMO EN LA MUJER

Es muy diferente el mecanismo que lleva al orgasmo al varón y a la mujer.

En el varón está unido a la eyaculación, van juntos. Puede ser de más o menos intensidad, pero si hay eyaculación, hay orgasmo. El hombre se estimula por la vista fundamentalmente y no necesita más para ello.

"Alcanzar el orgasmo en la mujer no es automático, requiere de 3 a 10 veces más de tiempo que en el varón alcanzar el orgasmo en el coito si no hay una preparación previa" (Holstegue, G., et al 2003).

Se ha comprobado que, para que se produzca el orgasmo femenino hace falta que estemos cómodas y relajadas. Tenemos que sentirnos deseadas y queridas. Y si además hay un baño caliente, masaje en los pies y que estos estén calientes o unas vacaciones, todo hace que aumentan las posibilidades del orgasmo, por desconexión de la amígdala.

Es verdad que, al principio de la relación, con las hormonas disparadas no se ven los defectos en la pareja y con el sentimiento de ser queridas, protegidas, admiradas, es más fácil el orgasmo.

Por nuestra experiencia profesional y personal creemos que la llegada al orgasmo es más fácil con una relación estable porque conocemos a nuestra apareja, nos sentimos más cómodas, estamos en un hábitat conocido y relajado, hay confianza. Claro que, si la pareja es estable pero la relación no es buena, todo lo anterior no vale.

Al hacer una exploración por resonancia magnética, según la doctora Louann Brizendine, se explica cómo es el proceso del orgasmo femenino a través de un matrimonio (Marcia y John). Dice textualmente:" Si *efectuáramos una exploración por resonancia magnética funcional (IRMF) del cerebro de Marcia mientras se iba a la cama con John, encontraríamos que muchos de sus circuitos cerebrales estarían altamente activados. Mientras ella se deslizaba entre las cálidas sábanas, acariciaba a John y empezaban los abrazos y los besos, ciertas áreas de su cerebro se irían calmando y zonas sensibles de los genitales y el pecho empezarían a iluminarse. Cuando John empezara a tocarle el clítoris, las luminosas áreas cerebrales de Marcia se pondrían rojas y, a medida que fuera excitándose mientras le frotaba el clítoris, su área cerebral de las preocupaciones y el temor -la amígdala- se desactivaría hasta aparecer con un color azul. Conforme se fuera excitando más y lo atrajera hacia el interior de su cuerpo, la amígdala se desactivaría completamente y los centros de placer vibrarían a rojo, hasta que -bingo- las rápidas ondas palpitantes del orgasmo inundarían su cerebro y su cuerpo"*. (BRIZENDINE, Louann: El Cerebro femenino.120)

Citando de nuevo la Doctora Brizendine, *"En contra de lo que erróneamente creía Freud, no existe un orgasmo vaginal contrapuesto al clitórico"* (BRIZENDINE, Louann: El cerebro Femenino. 121) ya que como ella dice, la vagina está conectada con el clítoris, con lo que es una unidad que no se puede excitar una sin que la otra se excite.

Hoy en día, la mujer del Siglo XXI tiene problemas para alcanzar el orgasmo por la vida que lleva. En una relación estable es verdad, como he dicho antes, que el orgasmo es más fácil, pero hay situaciones en las que a nosotras se nos quitan las ganas de tener relaciones íntimas, la más importante es el estrés. Ya sea por la preocupación de los hijos (están enfermos, no consiguen integrase en el colegio, están en la habitación de al lado y estamos preocupadas de que no llamen a la puerta...) ya sea porque el trabajo nos estresa igualmente; ante la insistencia del varón por tener relaciones nosotras nos vemos en la necesidad de fingir para no defraudar el "ego" de nuestra pareja o para que nos deje tranquila.

Por nuestra manera de ser, tendemos a quedarnos pegadas a nuestras angustias y preocupaciones, de manera que nos supone el doble de esfuerzo que a los varones esa desconexión, ya que ellos olvidan con más facilidad y son capaces de llegar al orgasmo más rápido.

En el caso del varón, incluso una situación de estrés puede llevarle, en algunos casos, a que "necesite" más sexo del habitual.

Como hemos visto, estas diferencias hacen que se creen problemas sexuales en el matrimonio. Son dos cerebros distintos que funcionan de forma distinta.

Esto se ve claro si comprobamos la gran existencia de prostíbulos para hombres y que no lo los hay para nosotras. Y no es porque seamos unas reprimidas por el patriarcado. Simplemente el sexo por el sexo, en general, a las mujeres no nos va. Cuando una mujer busca un varón con el que tener relaciones sexuales pagadas por ella, no busca sólo sexo. Busca que se la mime (una cena espectacular, flores, un ambiente cuidado, que sea delicado...) y si luego hay sexo, mejor. Pero, por lo que dicen las usuarias "no es lo más importante". En el hombre es distinto; puede no ser el lugar más limpio, ni la mujer más divertida. Él busca satisfacer una "necesidad" y, en general, sólo busca una mujer dispuesta a satisfacerle esa "necesidad".

3.7. FUNCIÓN DEL ORGASMO FEMENINO.

El orgasmo, dicen algunos que no sirve para nada y otros que sirven para que la mujer se quede quieta y así los espermatozoides avancen con más facilidad para fecundar el óvulo.

Yo creo que sirve para que el matrimonio se una más.

Para que disfruten juntos.

Para que cada hijo que venga sea fruto del amor y la pasión que se tienen ¿os parece poco?

El orgasmo femenino va acompañado de aliento acelerado, gemidos, corazón alborotado, contracciones, espasmos musculares, estado de placer casi alucinógeno y succión uterina.

Las contracciones musculares y la succión uterina tiran de los espermatozoides hacia el útero.

Por lo tanto, la misión del orgasmo en la mujer puede ser ligeramente diferente al del hombre. Si éste le da placer de verdad, querrá que se repita en el tiempo. Incluso está comprobado que, si tiene un verdadero orgasmo, será capaz de mantener el esperma mucho más tiempo en su interior.

Hacer que las relaciones sexuales en el matrimonio funcionen, es un arte. Por parte de los dos.

Vuelvo a lo mismo porque creo que es fundamental: se trata, sobre todo, de conocerse el uno al otro. Esto se consigue preguntado; se pregunta todo; qué te gusta de nuestras relaciones sexuales, qué detestas, qué te pone como una moto, qué te inhibe, qué odias; también hay que saber qué le gusta, desea, sueña, si está estresada, cómo va el trabajo, los amigos, amigas, o sea, TODO del otro. Si no se conocen pueden estar viviendo una ficción.

Uno de los problemas que influyen en las relaciones sexuales y personales es aprender a conocerse sin miedo; de esa forma, los dos estarán relajados ya que no se tiene que fingir lo que no se es.

Si una mujer se ve sometida a estrés, es difícil que se dedique a enamorarse; solamente si consigue dominar ese estrés o simplemente no lo tiene, puede pensar en enamorarse. En el caso de los hombres es distinto; en tiempos de estrés se enamoran más fácilmente; por ejemplo, los soldados que van a la guerra se enamoran con facilidad y muchos vuelven casados. Otro ejemplo, es que después de un gran esfuerzo los hombres no deben tomar decisiones importantes como casarse. Hay estudios que demuestran que después de una maratón los varones toman decisiones bajo el efecto de la dopamina y puede ser que esta hormona les impida decidir con claridad.

3.8. QUÉ BLOQUEA A LA MUJER

La educación recibida y el ejemplo de las mujeres adultas que ha tenido a su alrededor influyen mucho. Si el sexo sólo se plantea como medio inevitable para llegar a la maternidad, es un gran error. La educación que sólo ve en el acto sexual suciedad y egoísmo es una pésima educación sexual donde la mujer simplemente es una comparsa del disfrute del varón.

Mientras las madres no sepan disfrutar del sexo con su marido la educación sexual de sus hijas no irá bien. Si las mujeres vuelcan en su maternidad todas sus frustraciones, buscando en el cariño de los hijos la recompensa que no encuentran en otra parte (su marido), difícilmente disfrutarán del matrimonio y del sexo. Hay que buscar la desconexión del trabajo, hijos, enfados con la pareja. Pero una caricia desafortunada, una rodilla que da un mal golpe, un mal olor o los ruidos del vecino harán difícil esa desconexión. Por eso, muchas veces se dice que el mejor afrodisíaco son unas buenas vacaciones.

3.9. CUANDO LAS MUJERES NO QUEREMOS TENER RELACIONES

Es verdad que, en ocasiones nosotras no sentimos la necesidad de tener relaciones, por mil motivos... muchas veces el estrés, las preocupaciones diarias, el miedo a otro embarazo. Y, en vez de ser sinceras con nuestro marido y decirle lo que nos pasa, pensamos mil excusas para no tenerlas: cansancio, dolores de cabeza... En fin, excusas.

Es mejor no mentir y hablarlo con claridad. Porque de la otra manera, lo único que vamos a conseguir es que nuestro marido se sienta despreciado, ninguneado en esa su manera de expresarnos su cariño.

También puede suceder que no queramos esas relaciones porque él no nos hace disfrutar. Eso puede llegar a ser muy frustrante. Por eso es tan, tan importante el diálogo. Creo que no me cansaré de repetirlo. Hablar de todo, sin miedo, sin vergüenza, con confianza. De esa manera la relación se va haciendo más fuerte porque nos llegamos a conocer cada día mejor, sin hacer sufrir a nadie.

3.10. LOS PRELIMINARES

Hay quien dice que los preliminares son restos del pasado machista. Sinceramente no lo entiendo. Todo el cortejo de miradas, cuidados, conversación, etc. son algo necesario, sobre todo para nosotras. El gran fracaso de esta sociedad es el hablar de igualdad entre el varón y la mujer a nivel sexual. Ni lo somos ni lo podemos ser. El ser humano tiene dos versiones muy distintas que son varón y mujer, iguales en la esencia, pero diferentes en el ser.

Intentar que una mujer sienta el sexo como el varón es una aberración. Y al revés lo mismo. Es privar al varón de su masculinidad y a la mujer de su feminidad.

Cada día, quiero creer, que somos más los varones y mujeres que estamos hartos de que nos digan que todas las diferencias son consecuencia de la educación.

Siempre me acuerdo de que cuentan que antes, a los zurdos, se les obligaba a escribir con la derecha y eso les causaba algunos problemas en su desarrollo normal.

En sexualidad pasa lo mismo. Estamos creando un clima en el matrimonio o en las parejas de lucha por imponer nuestra forma de ver la sexualidad. En sexualidad somos polos opuestos, ya lo hemos explicado otras veces les guste o no a determinadas personas. La realidad es que el cortejo a la mujer es imprescindible para unas buenas relaciones sexuales.

Si la mujer no se siente elegida y deseada no hay buenas relaciones sexuales. Este es el drama de muchas chicas del siglo XXI. Piensan que por ceder a las pretensiones del macho (no del varón) van a ser tratadas como elegidas, como las deseadas. Y la realidad es que son tratadas como material de desecho o, en el mejor de los casos, reciclable.

Es duro, pero hay mucho sufrimiento detrás de este igualitarismo que llega a todas partes. Que separa al marido de la mujer y a la mujer del marido.

En la sociedad actual, a muchos chicos se les dice que si son corteses son machistas y a las chicas que si se dejan cortejar son esclavas del machismo imperante.

3.11. BREVE ESTUDIO DEL CICLO MENSTRUAL

Las dos primeras semanas estamos más calmadas, socialmente hablando, ya que se da un aumento del 25% de conexiones en el hipocampo. Esto hace que seamos más agudas y lúcidas, recordamos más cosas y pensamos más rápido y con más agilidad.

Sobre el día 14º se ovula. La progesterona empieza a tomar protagonismo y el estrógeno se va retirando, las conexiones del hipocampo parece que desaparecen.

En las últimas dos semanas y la progesterona es la reina del cerebro y poco a poco nos volvemos más irritables, menos centradas y más lentas mentalmente.

Hay mujeres que piensan que todo lo que tienen que saber de su cuerpo es cuándo les viene la regla. Cómo usar el Támpax, la compresa o la copa menstrual, cómo tomar el anticonceptivo o conocer el flujo vaginal. Tenemos que saber que nuestro ritmo menstrual no es más que una indicación de lo que se está produciendo dentro de nosotras a nivel hormonal. No es un poco o mucho de sangre. Son las hormonas que toman el mando, a veces el estrógeno y otras la progesterona, que influyen en cómo vemos la vida.

Cuando el estrógeno aumenta (1ªsemana del ciclo) es el momento de tener discusiones con el marido porque estamos más agudas; pero en esa época se dan pocas discusiones precisamente porque estamos más positivas y receptivas. En cambio, cuando la reina sea la progesterona las discusiones pueden ser más frecuentes porque estamos más sensibles y menos optimistas y lo vemos todo más negro. Sobre todo, en la cuarta semana, en la que el estrógeno está por los suelos.

3.12. CÓMO NOS RELACIONAMOS CON LOS HOMBRES

¡Qué difícil es aceptar que somos tan distintos en la sexualidad y conseguir que los dos la vivamos en plenitud!

Para un varón es fácil, teóricamente y sobre en el papel, entender que a "las mujeres", así en general, una íntima conversación les produzca un estado de bienestar (la oxitocina y la dopamina han inundado su cerebro) y que es comparable a la relajación que se produce en el varón después de tener relaciones con la mujer que ama.

Cuando varias mujeres nos juntamos y una cuenta un problema, sobre todo si es sentimental, todas lo sentimos casi como ella. Tanto es así que el ritmo y la profundidad de nuestras respiraciones se sincronizan, en general. Si una llora, lo probable es que más de una le acompañemos. Es lo que se llama empatía emocional.

Pero ellos, en general suelen decir "No puede ser... ¿cómo puedo escuchar lo que me dice y no ayudarla dándole la solución?", "No hay tiempo para lamentaciones". Mientras, nosotras muchas veces nos sentimos incomprendidas en nuestras preocupaciones porque no buscamos esas soluciones por parte de nuestro marido, sino que lo único que necesitamos es sentirnos entendidas, escuchadas, comprendidas.

Lo mismo al revés: "Me niego a creer que mi marido sea tan básico, ¿cómo no se puede dar cuenta de que tengo en la cabeza otras cosas que no son las relaciones íntimas y de que tenemos mil cosas que resolver?".

Por eso tenemos que asumir que, por ambas partes, nos podemos sentir desatendidos, porque el otro no necesita lo que tú quieres darle y no le damos lo que necesita.

¿Cómo puede ser tan complicado?

Es un reto. Tenemos que ser muy maduras para aceptar las diferencias y no querer que tu marido tenga el cerebro femenino y cuerpo masculino. ¡Qué fácil sería! Pues no. La gracia está en la complementariedad. Somos así y de nada vale lo que a ti te gustaría que fuera. La forma de ver la sexualidad de varones y mujeres no va a cambiar por leyes que se dicten o por lo que diga no sé qué sexólogo o tus amigas o amigos.

La realidad se impone y, si no buscamos la felicidad de nuestra pareja, nos iremos separando.

Muchas veces nos quedamos en los chistes de hombres y mujeres o de maridos y mujeres. Y no nos damos cuenta, o sí, del sufrimiento que hay detrás.

El hombre que ama a su mujer y quiere demostrar ese amor y hacer ver cómo la desea, y se ve a veces rechazado por no saber el lenguaje sexual de la mujer.

Hay una tendencia, a anular la sexualidad femenina: por un lado, están las sensatas "no hay tiempo para esas cosas", "el amor se demuestra de muchas formas más exigentes que en la cama". Es verdad. Pero la sexualidad, además se ser una forma de demostrar amor y entrega, es divertida.

Las "sensatas" hablan con desprecio del sexo y lo entierran con capas de cosas "muchísimo más importantes". No quieren hablar de sexo. Eso es de salidos y no "de nosotras". "Bastante hago con soportar a mi marido". Le conceden relaciones al "pobrecito".

No se dan cuenta de que para ellas el sexo también es importante. Ese disfrute está puesto por la naturaleza (por Dios para los creyentes) y despreciarlo es despreciar un plan de millones de años.

Luego están las que quieren que las mujeres vivan la sexualidad como los hombres, con lo que se les anima a meterse en el mundo complicado de la sexualidad masculina. Prostitución, sexo en solitario, pornografía, sexo múltiple y alguna cosa más. Todo para anular la feminidad, para impedir que la mujer disfrute del sexo como mujer, para destruir su capacidad de aportar a las relaciones sexuales esa feminidad que tanto gusta a los hombres bien constituidos.

Y se les "obliga" a comportarse como varones. Entonces se pueden sentir "sucias" y desmotivadas para el sexo.

La excitación sexual masculina y femenina no tienen nada que ver. Simplificando, el varón se excita por la vista y nosotras por el oído. Y cada sexo puede caer en la trampa de pensar del otro "cómo puede ser tan simple".

Si no hablamos de este tema en nuestro matrimonio algo no va bien. Si dejamos que otras mujeres nos digan cómo se debe vivir la "nueva" sexualidad femenina nos estamos dejando robar algo muy nuestro.

La forma de relacionarnos, los hombres con los hombres y las mujeres con mujeres, condiciona la forma de vivir las relaciones sexuales.

La relación entre los hombres va acompañada de cierta brusquedad. Hay abrazos fuertes, palmadas en la espalda, apretón de manos y se chocan continuamente.

Nosotras, en general, en nuestra relación con otras mujeres, somos menos bruscas. Hay besos, abrazos más suaves, acariciar la espalda con la palma abierta. Es una relación más suave.

Las relaciones sexuales tienen algo de brusco, no es una coreografía perfecta como en las películas románticas porque cada uno lleva su ritmo. Con lo cual, hay un desfase de "entusiasmo" que hace que nosotras, a veces, nos parezca que somos un poco utilizadas (por decirlo suave). Si los dos alcanzaran el "clímax" a la vez, esa brusquedad no la notaríamos.

Por eso hay que hablar de estas cosas en el matrimonio, es crucial. Depende de cada matrimonio. El suponer lo que siente el otro no vale. Lo más probable es que nos podamos equivocar.

Para disfrutar de las relaciones íntimas hay que aprender cómo quiere ser tratado cada uno. Hay que preguntar "¿cómo te sientes cuando tenemos relaciones?", "¿te gusta cómo lo hacemos?", "a mí me gustaría ... (decir lo que te gustaría)".

Hablar de esto cuesta en algunos matrimonios, porque no lo han hablado nunca. El otro día, hablando de este tema con una amiga me decía "¿cómo voy a sacar ese tema si no lo hemos hablado nunca? Es tabú".

La delicadeza y la claridad son, en general, agradecidas por las dos partes. Hay que buscar el momento e ir preparando la conversación.

Cuanto antes se aborde este tema, mejor. Pero si lleváis unos años casados, tranquilos, siempre hay tiempo para abordarlo. Mejorará mucho vuestro matrimonio.

3.13. NO VEN LO OBVIO

Es la realidad que se repite una y otra vez. Lo obvio es que somos diferentes. Y el problema es que estamos tan asentados en nuestra realidad (la que nos presenta nuestro cerebro de hombre o de mujer), que no aceptamos que el otro la vea distinta.

Fijaos, hay series como "Bones" o "Castle" que, en muchos aspectos, los protagonistas piensan al revés de lo habitual en su sexo. Ellos con más sentimientos de maternidad en vez de paternidad. Y ellas viven una sexualidad más como varones que como mujeres.

Cuando un matrimonio está viendo la serie, el varón se identifica con la protagonista y la esposa con el protagonista varón.

Hay que conocer primero y amar, después, las diferencias y sacarles todo el partido.

Por supuesto que todo se puede mejorar en la relación hombre-mujer, en ambos sentidos, y los nuevos padres y madres en muchos aspectos no se parecen a los de tiempos pasados. Pero el varón no puede dejar de ser esposo y padre para convertirse en esposa y madre. Y lo mismo las mujeres, que se nos empuja a dejar nuestra faceta de madres para convertirnos en varones en el trabajo y que desconectemos de nuestra maternidad porque es una esclavitud. Es decir, pensar que lo obvio para ti, como mujer, puede no serlo para tu marido, como varón, y viceversa.

Por eso, escuchar al otro es muy importante. No podemos refugiarnos en "todo es educación" y pensar que se pueden cambiar los roles sin más. Eso es no conocer la naturaleza de cada sexo. Es ser un "integrista" de tu sexo y no aceptar el derecho del otro a pensar y actuar diferente.

Tú disfruta de tu cónyuge y mira su visión como una aportación, no como una agresión a tu forma de pensar. El otro sexo, para ti es una oportunidad de ver con otra perspectiva.

3.14. EL SISTEMA NEURONAL ESPECULAR

Este sistema cerebral, las mujeres en general, lo tenemos más desarrollado que los hombres. Con él desarrollamos la capacidad de ponernos en el lugar del otro, de manera que le entendemos a la perfección.

Vamos a poner un ejemplo de cómo le gustaría a la mujer que su marido la escuchara cuando llega a casa con un problema.

Llega a casa y le cuenta lo que le ha pasado. Y él, como buen varón, enseguida se pone a darle soluciones, porque es lo que su cerebro le dicta.

Ella le dice "¿te crees que soy tonta?" es directora de un colegio y no ha alcanzado ese cargo por no saber tomar decisiones, sino que todos los días las toma y debe dar cuentas de ellas a los dueños de ese colegio.

Cuando ella cuenta lo que le ha pasado, es para que él la escuche, la acompañe, que comprenda su agobio, que sea capaz de ponerse en su lugar, que, sin palabras, entienda lo que necesita y no se lo tenga que decir. No son soluciones lo que busca, sino compresión. Ya sabe qué soluciones buscar.

Lo que quiere es un compañero que la abrace, la acaricie, que la haga sentirse acompañada, que se preocupe por ella. Que le diga que está con ella a muerte. Y si necesita buscar una solución, ella será la que le pida ayuda.

Se trata de dar al otro lo que necesita, no lo que yo creo que le conviene y no lo que yo necesitaría en su caso.

Hombre y mujeres somos unos cabezotas. Se nos explica esto miles de veces y seguimos metiendo la pata o creyendo que el otro no será tan raro como nos dicen los libros.

Eres otra forma de ser persona, no eres una variante del varón.

El cerebro del hombre y el de la mujer son tan distintos que vemos la realidad de forma distinta: el amor, los hijos, los problemas, TODO.

3.15. OTRAS MANERAS DE SER INFIEL

Es normal que la mujer, en general, tolere mal que su marido, su pareja, le sea infiel con otra. Aunque sólo se trate de una aventura de una noche.

Vino una señora al gabinete, ya no tan jovencita, para contarnos que su marido le ponía ojos a su secretaria y que estaba pensando dejarlo porque ella no lo podía tolerar. Le pregunté cómo era su vida en casa, cómo era la relación con su marido y me contaba que era muy tirano, que le exigía que todo estuviera listo, desde la comida, la ropa hasta la limpieza de la casa y que, aunque tenía mucha ayuda, porque económicamente estaba fenomenal, ella notaba que el peso estaba en sus hombros y que ya estaba harta. Que, en el fondo despreciaba a su marido porque estaba gordo y sudaba muchísimo y que tenía que estar cambiando las sábanas de la cama con mucha frecuencia. Pero la cama no la utilizaba para tener relaciones con él, sino para dormir.

Estaba muy convencida de lo que decía; todos los argumentos que le podíamos ofrecer le parecían que no iban con ella. Eso sí, la posible infidelidad no la toleraba.

También en conversaciones con chicas jóvenes surge el mismo tema…. Si me es infiel ¿puedo seguir con él? ¿Seré capaz de perdonarle?

Pero las mujeres, sin ser conscientes, somos muchas más veces infieles a nuestro marido, pero de otras maneras.

Os cuento cómo lo hacemos, con algún ejemplo.

Gabriela, de unos 27 años, casada desde hace dos y con un hijo pequeño. Trabaja en una multinacional como ejecutiva de cuentas. Es guapa y buena trabajadora. Desde hace unos meses tiene algún problema con su marido porque ella se ha implicado mucho en su trabajo y cree que él tendría que ayudarle más en casa, que tendría que estar al tanto de esas cosas, pero ni se entera.

Hora del parón en el trabajo para el café. Se lo va a tomar, sobre todo últimamente con un compañero, dos años mayor que ella, su medio jefe, soltero y súper agradable, Juan. Poco a poco, porque él la escucha con mucha atención, le ha ido contando las dificultades que tiene en su matrimonio.

Gabriela: *De verdad que no puedo entender cómo no me ayuda. Esta misma mañana le he pedido que, al volver de su trabajo, pasara por la tintorería a recoger unas cosas y me ha dicho que lo podemos hacer el sábado, que porqué esas prisas… Ni me ha preguntado si esa ropa la necesito ya, ¡porque es una chaqueta que necesito para el trabajo…! ¡Es que no se empana!¡Él a lo suyo, sus cosas, sus problemitas, sin darse cuenta de que al final, todo lo tengo que hacer yo! Me he marchado de casa con un enfado…*

Juan: *¿Pero no puedes hablar con él con calma? ¿No podéis quedar una tarde para ir resolviendo todo esto?*

Gabriela: *Es imposible. He intentado hacerle ver que necesito su ayuda, que se tiene que implicar un poco más, pero que, si quieres arroz, Catalina. Mucho ser el jefe de su empresa, pero la que tiene en su casa, ni la mira.*

Juan: *Pues es una pena, porque tú vales un montón y realmente te desvives por todo; yo lo veo en la forma que tienes de trabajar, siempre estás pendiente de los demás, nunca pones mala cara cuando se te pide algún trabajo extra, siempre con una sonrisa, con detalles con la gente… En fin, que es muy fácil trabajar contigo y me extraña que tu marido no se dé cuenta de eso y que no sea capaz de echarte una mano.*

Gabriela: *Muchísimas gracias, Juan, por lo que dices, aunque tampoco es para tanto. Yo trabajo muy a gusto porque aquí se me valora y así es todo mucho más fácil con gente como tú, que sin dejar de exigirme me anima y me da las gracias por lo que hago. Pero es que mi marido todo lo que yo hago en casa lo ve como lo más normal del mundo y encima se permite el lujo de echarme en cara si alguna vez no tiene su cerveza favorita en la nevera. Empiezo a estar un poco cansada.*

Y así, pueden seguir hasta que se termina el parón. Ella se va con la autoestima por las nubes porque, por fin, ha encontrado alguien que la comprenda, sin darse cuenta de que esa conversación la debería tener con su marido, a pesar de las dificultades que pueda tener de falta de comprensión por parte de él. Pero, si de verdad le quiere, tendrá que poner todos los recursos que tiene porque realmente vale mucho, para buscar una solución con su marido, no con su jefe, que no va a arreglar nada porque no es parte interesada.

Ella se está enamorando de su medio jefe y se aleja de su marido. Se pone blandita y cada conversación con él es un chute de bienestar.

Como he dicho, en otras ocasiones, los gigolos (los prostitutos masculinos) es lo que dan a sus clientas. El sentirse especiales, comprendidas y deseadas. A veces, las usuarias no buscan sexo necesariamente, sólo ese sentimiento de ser únicas para alguien. Esto es lo mismo, pero sin pagar. ¿Veis? Es una forma muy sutil de ser infiel. No se acuesta con él, pero le está entregando una parte de su intimidad que sólo le pertenece a su marido.

Otro ejemplo de infidelidad de la mujer con su marido que no es acostarse con otro:

Esta vez se trata de un grupo de amigas de toda la vida; quedan para tomar un café por la tarde antes de recoger a sus hijos en el colegio. Se llaman Angélica, Carmen, Sofia y Mercedes. Han ido juntas al colegio y se han ido casando más o menos al mismo tiempo. Sus maridos se conocen y suelen salir todos juntos a cenar o de excursiones con los niños. Ahora mismo, sólo trabajan fuera de casa Angélica y Carmen. Sofia y Mercedes, decidieron en su momento, quedarse en casa porque sus maridos tenían un buen sueldo y vieron que era mejor, por unos años, dejar sus trabajos fuera y dedicarse a su familia; eso sí, con la idea de volver cuando los niños fueran un poco más mayorcitos.

La conversación es, más o menos, en estos términos:

Angélica (Médico de familia en un Ambulatorio): *Estoy cansada. Hoy he tenido consulta desde las 8 hasta las 3, casi sin parar. Y con un montón de problemas, informes que no aparecen, análisis que no han llegado todavía, uno de los pacientes con un posible tumor…. En fin, agotada.*

Mercedes: *Pues no te quejes. Tú por lo menos sales de casa y no tienes que aguantar las exigencias de tu marido y las de los niños. ¡Hoy casi me lo como! No se le ha ocurrido mejor plan para este fin de semana que irnos los dos juntos a un hotel para descansar un poco.*

¡Pero si no podemos! Ya habíamos organizado una comida con su familia para el sábado porque mi suegra ya está buena, y el tío ni se acordaba. Llevo todos estos días haciendo comida y organizándolo todo y va y se le ocurre que nos marchemos. Es que tiene la cabeza en

lo suyo, en descansar, en tener sexo y punto. Le he soltado un par de bufidos y me he ido a llevar a los niños al colegio, sin darle más explicaciones.

Carmen: (Trabaja en una sucursal Bancaria*): De verdad, es increíble la falta de tacto que tienen. El mío me hizo algo parecido hace dos semanas. Es que no tienen la capacidad de ver más allá de sus narices. Tú, todo el día dale que te pego. Yo en el banco no paro, rodeada de hombres que se creen el centro del mundo pensando que, si ellos no están, se para la sucursal. Y mi trabajo ¿qué? ¿No les resuelvo yo solita la mayoría de las papeletas? Para que ellos lleguen a las reuniones con todos los informes impecables y se lleven las palmaditas del jefe....*

Sofía: *Es increíble, qué razón tenéis. Parece que hablamos lenguajes diferentes. Yo con el mío, casi ni hablo. Llega a casa, suelta la chaqueta y la corbata, coge la cerveza y ¡hala! Al sofá a ver las noticias. Y a mí, ni una mirada. Claro que yo me vengo, porque empiezo a soltarle las novedades del día, desde la nota del profesor de Paloma, que está en las nubes adolescente perdida, pasando por la brecha en la cabeza de Roberto, que se cayó con la bicicleta haciendo el bestia como siempre, y para rematar, la llamada de teléfono de mi cuñada que no hay quien la soporte.... Vamos, que le amargo la cervecita de marras... ¡qué se habrá creído!*

Como veis, cuando nos juntamos varias amigas podemos ser infieles a nuestros maridos, aunque sólo sea hablando mal de ellos y a sus espaldas.

Es otra forma de infidelidad.

Quizás he puesto unos ejemplos que dejan al marido bastante mal y a nosotras como unas brujas, pero las mujeres podemos llegar a ser muy duras a la hora de juzgar a nuestros maridos, y como el lenguaje es una de nuestras "armas maestras", la utilizamos sin compasión. Y, sobre todo, buscamos esa comprensión que no tenemos en nuestras relaciones con nuestro marido.

Siempre me ha parecido bueno el ejemplo del grupo de madres a la salida del colegio, que se dedican a criticar las decisiones que puede tomar la dirección y lo hablan entre ellas, sin tener en cuenta que, donde lo tendrían que solucionar o aclarar es con la misma dirección, no entre ellas. Del mismo modo que, cuando hablamos de la persona que tenemos en casa de ayuda doméstica, con nuestras amigas y nos quejamos de lo mal que hace las cosas, con quien tendríamos que hablar es con ella, porque nuestras amigas no nos van a resolver el problema. Otra vez buscando la comprensión y la respuesta donde no nos la pueden dar, o la respuesta será incompleta porque no se tienen todos los datos.

En las mujeres, el centro del oído y el del lenguaje tiene un 11% más de neuronas que en los varones. Esto hace que nuestra capacidad de comunicación sea espectacular y que, en algunos momentos de estrés, esa capacidad sirva para poner de vuelta y media a nuestros maridos, en vez de ponerla al servicio de nuestro matrimonio y resolver los problemas con ellos, no con nuestras amigas.

Gracias a nuestro Sistema Neuronal Especular, como hemos explicado antes, en ocasiones casi podemos sentir el mismo dolor o la misma alegría de la persona a la que estamos escuchando. Esto hace que, a veces, perdamos la capacidad de juzgar lo que escuchamos y no somos justas porque, de la versión que escuchamos, falta la otra parte.

En resumen, no sólo acostarse con otro o con otra es una infidelidad; podemos llegar a ser infieles sólo con la palabra. Hay estudios que confirman que una mujer, si tiene una buena conversación con sus amigas, se puede dar el caso de que su cerebro empiece a soltar tal cantidad de estímulos que, en algún momento, se pueda llegar a sentir un estado de bienestar y relajación comparable a un orgasmo. ¿Dónde está entonces la diferencia?

3.16. SOLTANDO AMARRAS, AVANTE TODA

La verdad y en mi opinión, es que las mujeres de este siglo XXI no lo tenemos fácil. Son tantos los frentes que debemos atender, unas veces por decisión propia y otras por exigencias de la sociedad que, ahora mismo, estamos en 50 batallas cada día.

Las mujeres podemos tener más baja la autoestima porque tenemos, que compatibilizar trabajo y familia de forma que no se resientan ninguna de las dos y eso nos hace sentirnos mal.

Vamos a ir por partes para ver lo que significa esto en nuestra vida.

Una de nuestras motivaciones fundamentales es que a nosotras nos prima lo afectivo. Para que nos sintamos a gusto y estemos relajadas, todo a nuestro alrededor tiene que estar bien, sobre todo las personas que nos rodean, ya sea con nuestra familia ya sea en el propio trabajo.

Para conseguir esto, realizamos verdaderos esfuerzos para lograrlo, y nos quedamos tan agotadas que acabamos de mal humor y sintiéndonos víctimas del mundo.

Voy a ir poniendo ejemplos porque creo que es más fácil identificarse con ellos. Vaya por delante que no todas somos así y que puede que, con algún ejemplo no os sintáis identificadas, o no del todo, pero suelen ser actitudes bastante generales.

Y al terminar los ejemplos, os doy un par de recomendaciones.

Trabajo fuera de casa:

Cuando nosotras nos vamos a trabajar por la mañana y dejamos en casa a un hijo pequeño enfermo, y el que se queda en casa para cuidarlo es nuestro marido, salimos con un complejo de culpabilidad tremendo porque en el fondo nos encantaría estar con el chiquillo.

Llegamos al trabajo con el corazón en un puño... Llamamos varias veces a nuestro marido para preguntarle cómo está y darle mil recomendaciones, como si él no fuera capaz de hacerlo (o por lo menos de hacerlo como a nosotras nos gustaría, sin dejarle iniciativa por su parte).

Para hacerlo más difícil, un compañero nuestro del trabajo también tiene a su hijo enfermo, pero está tan tranquilo porque su mujer se ha quedado en casa cuidando a su hijo o porque tiene a una chica de mucha confianza que lo atiende.

¿Qué pasa en nuestra cabeza? Pues que estamos inquietas, no acabamos de concentrarnos y como consecuencia, sentimos que no somos capaces de compatibilizar el trabajo y la familia como hace nuestro compañero.

En el trabajo, otro de los aspectos a los que nos tenemos que enfrentar es la dedicación. Si de verdad nos gusta lo que hacemos, tendremos que dedicar tiempo a realizarlo, y esto supone en algunos casos, ampliar el horario, porque si nuestro objetivo es conseguir llegar alto, es uno de los peajes que hay que pagar. Y digo peaje, porque eso significa menos tiempo en casa y, generalmente, en horas que son fundamentales como la llegada a casa de los hijos después del colegio, los baños y cenas… Yo recuerdo tener reuniones en mi trabajo que en ocasiones se alargaban y me pasaba de hora, con lo que la chica que me ayudaba se solía enfadar porque no cumplíamos el horario que habíamos pactado. Volvía en el coche a toda castaña y con el corazón en un puño.

Aspecto físico:

Este es otro de nuestros grandes caballos de batalla. Si alguna de las que estáis leyendo esto piensa que todo su aspecto es fantástico, que levante la mano. De verdad, ¡enhorabuena, ojalá yo fuera así!

En general, es un tema que nos lleva mucho tiempo. Sobre todo porque la presión que tenemos desde los anuncios de la tele hasta algunas cuentas de Instagram en las que aparecen chicas jóvenes, madres o abuelas que están siempre ideales, sin un pelo fuera, el maquillaje perfecto desde el punto de la mañana y tú, que te levantas con un sueño mortal, que te vistes con "el uniforme" del trabajo, que desayunas corriendo porque los niños se tienen que ir al colegio y todavía faltan por rematar cosas, te maquillas de aquella manera y llegas a tu puesto más o menos … Y ves a la triunfadora en la tele o en el mismo trabajo, ideal, súper arreglada y que, además, tiene tres niños y no se le mueve un pelo... Yo creo que esto nos suena a todas ¿verdad? Igual no todas lo vivimos así, pero en mi experiencia, la gran mayoría sí.

Al final, todo esto nos genera ansiedad porque a todas nos gusta ser y estar guapas y arregladas y llegar a todo (algunas pueden que lo hagan), pero en general, son retos que nos dejan insatisfechas.

Organización de la casa:

Todas sabemos lo que nos cuesta delegar o aceptar que hay cosas en casa que tenemos que dejar de hacer y enseñar a hacer a nuestro marido o a nuestros hijos, dependiendo de la edad.

Somos muy amarronas, nos gustan las cosas de una determinada manera y no tenemos la paciencia y la confianza en nuestra familia, para primero enseñar a hacer las cosas como nos parece a nosotras mejor y la capacidad para aceptar que se pueden hacer de otra manera y que no pasa nada.

Y como consecuencia, nos llega el agotamiento, el desgaste, porque aparece otra vez ese sentimiento de víctima que nos acompaña tantas veces y que nos deja fuera de combate. Otra vez el "no llegamos a todo".

Tiempos propios: descansos y cuidado de una misma:

También nos suele pasar que no somos capaces de disfrutar de verdad de los tiempos que nos dedicamos a nosotras mismas, ya sea un rato de deporte, ir a la peluquería o tomarnos un café con una amiga o incluso un paseo con nuestro marido porque le encanta salir, porque en nuestra cabeza nos está rondando el diablillo de que deberíamos estar en casa, porque tenemos muchas cosas que hacer, no hemos aprendido a delegar y sólo nosotras podemos hacerlo. Otra vez ese sentimiento de culpabilidad, de insatisfacción porque no llegamos a todo.

En fin, nuestra propia vida y sus exigencias o las que nos hemos creado.

¿Qué solución le podemos dar a todo esto?

En primer lugar, hay que pararse a pensar…. ¿Cuándo? Si no tengo tiempo. Pues hay que buscarlo para organizarnos, ver dónde soy realmente imprescindible, dónde no, en quién me puedo apoyar, a quién delegar a lo que no llego…

Hay que soltar amarras, aprender a ser menos controladoras. No lo podemos tener todo, todo, en nuestra cabeza ni en nuestro corazón, porque no somos superheroínas de la tele, somos superheroínas de nuestra propia vida porque hemos aprendido a conocernos, sabemos a dónde llegamos, lo que podemos hacer y lo que no y porque hemos aprendido a decir que no en determinadas situaciones, porque si no, nuestra lista de ocupaciones y del "tengo que hacer" puede llegar hasta el infinito y más allá.

Esto nos demuestra que somos muy capaces de mucho, pero que también sabemos que en esas capacidades entra la de aprender a querernos como somos, no como nos gustaría que fuéramos o cómo nos dicen determinados modelos que deberíamos ser.

Pues, si no podemos ser rubias de 1.80m, con un cuerpo de vértigo, además madres de 5 hijos guapísimos, siempre limpitos, con un trabajo de alucine y que jamás perdemos los nervios, nos tendremos que contentar y querer con ser morenas bajitas y simpáticas a muerte; nuestros hijos no siempre van impecables, pero los queremos muchísimo y nuestro trabajo tampoco es nada del otro mundo, pero nos encanta y, además, nos permite un horario compatible con nuestra familia. Pues a comernos el mundo, a seguir adelante con lo que tenemos entre manos que es lo que hemos elegido, que nos gusta, que lo podemos mejorar siempre, pero sin que esa mejora nos cueste el buen humor y el tener la autoestima alta.

No siempre lo conseguiremos porque no depende todo de nosotras. En ocasiones, seremos nosotras las que veamos que se nos ha ido de las manos y que hay que empezar otra vez y otras dependerá de otras personas o de las circunstancias. Nosotras hemos puesto de nuestra parte todo lo que hemos podido, pero la respuesta que esperábamos no ha llegado. Pues volvemos otra vez, a intentarlo (ya sea que nuestro marido o nuestros hijos se impliquen en casa, o que la reunión que teníamos programada se cancele o se alargue, que todo lo que hemos trabajado con un hijo para ayudarle en lo que sea no tenga éxito...) Hay que saber que en la vida ni todo sale como nos gustaría ni somos responsables de todo absolutamente y que algún fallo puede haber. Como siempre se ha dicho, en los cuadros tiene que haber sombras porque si no, los colores y los dibujos no resaltarían.

El que la mujer sea multifocal se vende como si fuera una gran virtud (que lo es), pero también puede ser una condena porque, si las tareas no se saben repartir entre los miembros de la familia, se puede llegar al cansancio, agotamiento, desgaste y finalmente a la depresión.

La presión de la casa sigue recayendo sobre la mujer. Los varones son más pasotas. Un cuadro, un mantel de tela, unas flores, disposición de los muebles son cosas que en su cerebro no reclaman la atención. Ellos se adaptan a lo establecido. Por ejemplo, cuando ponen los muebles en el piso de soltero ya no los cambian.

La mujer, abnegada e incomprendida no es un modelo que guste a las chicas de hoy. Esa madre que lo da todo sin esperar nada, hoy en día no es muy atractiva. Hoy se quiere que te agradezcan las cosas. Tampoco a los varones les gustan mujeres abnegadas e incomprendidas (¡son tan aburridas!). Hace falta una nueva forma de ser mujer, esposa y madre, sin perder la esencia de ser mujer.

Las actuales generaciones, nacidas a partir de los 90, tienen otras ideas y otros planteamientos.

Son tiempos de cambios donde hay que volver a descubrir cuál es nuestro rol en la vida, porque ahora mismo hay mucha confusión, pocos saben qué rol deben cumplir. Los roles son importantes y deben pactarse en la pareja, no vale que nos impongan desde fuera cómo debemos sentirnos como mujer.

Tenemos unos retos muy importantes. Hay que conciliar muchas cosas y de forma distinta. Todas las generaciones son distintas, pero somos la generación de internet y eso marca; ahora lo tenemos todo a un clic y podemos llegar a pensar que en nuestra manera de ser o de comportarnos también se arreglará de esa manera. Y no es así. Cada uno tenemos que aprender a reflexionar y a pensar en quiénes somos y lo que queremos.

Somos mujeres y varones con necesidades y prioridades diferentes. Y eso, muchas veces se oculta tras unas exigencias de triunfo profesional que para unos y otras son diferentes.

No os engañéis, la conciliación hay que hacerla en la pareja. El estado puede legislar, pero la sensación de bienestar la da el saber que estás haciendo lo que debes en cada momento.

La pareja tiene que ser una roca. Hay muchas cosas más importantes como vuestra relación, el trabajo, la economía familiar y los hijos, como para perder el tiempo en disputas de cafetería.

Soñad alto. Existen matrimonios felices. Pero se lo han trabajado. No han perdido el tiempo en discusiones y rencores que no llevan a nada.

3.17. EL SEXO CON LOS AÑOS

Como hemos escrito, todo en nosotras está interconectado y la sexualidad no se escapa de esta regla. Como muchas veces se dice, y es verdad, los hombres pueden no pensar en nada. Esta cualidad les facilita los encuentros sexuales, aunque, por ejemplo, se haya discutido con la mujer. Separan la persona con la que ha discutido de la persona que ama.

Nosotras no tenemos esa independencia de nuestra sexualidad con el resto de las cosas que nos afectan. Sobre todo, después de años casados. Tener los hijos corriendo cerca de la puerta de la habitación del matrimonio nos inhibe en muchos casos para tener relaciones sexuales.

Esto es muy importante para planificar los encuentros. Por eso, muchas veces se tienen por la noche, por el silencio que hay en la casa. Pero no es un buen momento porque solemos estar más cansadas (él también, pero le afecta menos).

¿Qué tenemos que hacer para disfrutar del encuentro? Tenemos que ir apaciguando ese fluir de reclamos... que inactivan nuestro deseo sexual.

Hay sexólogos que afirman que la mujer necesita 24 horas para prepararse para un encuentro sexual (nos referimos a una mujer con una pareja estable y con hijos o sin ellos), ya que tiene muchas emociones y reclamos que llaman su atención.

No sé si son 24 o 12 o 48 horas, dependerá de cada mujer. Pero lo que está claro, lo sabemos por experiencia todos, que un imprevisto puede anular el deseo sexual de la mujer, aunque tenga la mejor disposición. La realidad es la que es. Y los hombres deben saber que, aunque lo tengan todo preparado y estén los dos esperando el momento, un WhatsApp del colegio, la lavadora que deja de funcionar, un chiste inoportuno, una pequeña discusión, mal olor de boca, no sé, hay mil cosas de la vida cotidiana que muchas veces descentran a la mujer.

Si tu marido te dice: "¡hala!, venga, que luego tengo una reunión y tengo que prepararla", "luego recuérdame que tengo que ir al banco" ¡Vaya entusiasmo! Pensaremos; queremos ser la "elegida", la "única", la "deseada". No sentirnos un trámite entre banco y banco.

Hay que cuidar esos encuentros, mimarlos, prepararlos con ilusión.

Otras veces, podemos dejarnos llevar por las malas experiencias o pensar que estamos por encima de esas cosas.

Grave error, porque una de las formas de demostrar amor, desprendimiento y entrega al otro son las relaciones sexuales.

Y, además, lleva a privar a nuestra vida de pareja de algo tan especial e íntimo como entregarse y recibir al otro sin tapujos, sin nada que disimule nuestros defectos y carencias.

Frases como "Antonio, ya no estamos para eso. No seas niño, mira, la afectividad se expresa de muchas formas". Sí, pero Antonio quiere relaciones íntimas que para él son muy importantes y esa contestación es mandarle a "hacer gárgaras". Aunque no sea la intención de su mujer.

El disfrutar de esa relación hará que queramos repetir esos encuentros. Aquí, el hombre debe hacer también el esfuerzo de facilitar a la mujer que desconecte de "sus" responsabilidades y conseguir un ambiente íntimo. Tiene que preocuparse de ser atento. Supervisar que nada altera ese clima.

A propósito de esto, teníamos en el gabinete un matrimonio en el que ella no disfrutaba de las relaciones íntimas y nos decía "yo le quiero, pero las relaciones sexuales me cuestan porque no disfruto".

Quería, pero no lo conseguía. Después de asegurarnos de que él también ponía cuidado en los detalles del encuentro, les propusimos que se fueran a un hotel en la misma ciudad a pocos metros de su casa. Les causó risa y dijeron: "¿vamos a pagar un hotel para acostarnos? ¡Teniendo nuestra cama!". Les explicamos que la ventaja del hotel es que nadie te va a molestar.

Y, además, la habitación del hotel suele ser más grande, con baño en la habitación. Todo ventajas. Como que no hay nada que distraiga. Ni fotos que te estén mirando. Y los móviles apagados. La tranquilidad de que nadie te va a molestar. Estuvimos un buen rato hablando sobre el tema.

Podían irse los martes a las 13:00h. Nos gustó la hora, lejos de la hora estresante de dejar los niños en el colegio y con tiempo suficiente para irse relajando. Les aconsejamos que pensaran durante el tiempo de espera, en ellos dos solos. Que ella llevara ropa interior con la que se sintiera guapa y sexy; también, que se vistiera para la ocasión con el vestido elegido por él.

A él le dijimos que se pusiera la ropa elegida por ella. Y que se echase esa colonia que le "volvía loca" (había una que ella reconocía que cada vez que la olía en él, le daban ganas de achucharlo).

Así que se fueron y a los 15 días volvieron.

Nosotros, deseosos de saber qué tal les había ido.

Entraron sonrientes y nos sentamos en la sala donde teníamos las reuniones. Los miramos. Ellos no decían nada, pero sonreían. Entonces preguntamos los dos a la vez "¿entonces qué?" Y ella, sonriendo, dijo *"brutal"*. *"Madre mía, qué expresiva"* dijo el marido riendo y dándole una palmada en la rodilla. *"Me lo dijiste en el hotel, pero pensé que aquí ... ".*

Se les veía encantados. "¿Cuándo fuisteis?", les preguntamos. *"Hace tres días",* dijo él. "Esperasteis un poco", les comentamos. *"La verdad es que no estaba segura de que funcionara y que él se sintiera mal porque habíamos quedado que el objetivo era que disfrutara yo".*

"Bueno", interrumpimos, *"el objetivo era disfrutar los dos".*

"Sí, sí", contestó ella, *"pero ya nos entendéis. Yo era la rara. La que no había disfrutado nunca".* Entonces le preguntamos a él *"¿y tú?".* *"Pues fenomenal. Se puso guapísima. Estaba radiante. Vamos, yo desconecté del trabajo, los niños, la hipoteca, de todo nada más verla entrar por la puerta del hotel",* dijo él.

Paramos aquí el relato para dar un aviso.

Aviso: Si la mujer no quiere desconectar de sus muchos reclamos, bajo la excusa de que todo depende de ella, jamás disfrutará de su vida sexual y le privará a su marido de divertirse juntos. Es importantísimo disfrutar de las relaciones sexuales porque forman parte indivisible del matrimonio. No es algo que se puede hacer o no. Que se le puede negar al otro. No eres más madura por estar en otras cosas. Las relaciones sexuales unen mucho a la pareja. Dan complicidad. Hacen que seamos más generoso con el otro. Nos cuestan menos las cosas. Dan más optimismo a la vida y saberse amado, deseado, elegido, admirado es muy importante para los dos.

Buscar ese momento en los que no hay reclamos por parte de los hijos, el trabajo, el hogar, hará que los encuentros sean más gratificantes. La complicidad que da una sexualidad, bien vivida, no se puede sustituir por nada.

Seguimos con esta pareja. Sus miradas eran muy distintas a las de hace 15 días. El ambiente era distendido y ahora se podían arreglar algunas cosas que antes eran un mundo y que ahora se veían distintas. Nos gustó que, aunque tardaron, nos hicieran caso. La verdad es que fueron a su ritmo y se fueron preparando. A lo mejor, si lo hubieran hecho antes, no habría sido tan "brutal".

Nos comentaron que estaban con miedo a que no funcionara. Y él comentó que intentó ser más delicado que nunca y que habían hablado de qué les gustaba y qué no, de sus anteriores encuentros. Quedamos para dentro de 15 días. Y nos dijeron *"¡vaya invento esto del hotel a mitad de semana!"*.

También hemos tenido matrimonios que era al revés, que él no quiere relaciones. En nuestro gabinete no es lo habitual, pero sí hemos tenido alguno. En ese caso hay que decirle a la mujer que no lo agobie. Que le dé su espacio. Que haga que se sienta admirado por ella.

Además, el saber mantener esas relaciones que dan complicidad y unen más a la pareja, ayuda cuando, con el paso del tiempo, los hijos se marchan de casa y nos encontremos de nuevo solos. De esta manera evitaremos, cuando llegue esa situación, el ser unos desconocidos. Que sí, han sacado adelante a una familia, pero ellos, cambiados y maduros, ya no se reconocen.

3.18. MATERNIDAD

Si hablas de maternidad a un grupo de chicas, lo primero que se le vienen a la cabeza es una embarazada. Pero hoy a muchas chicas se les prohíbe desearla porque antes tienes que desarrollarte profesionalmente, romper el techo de cristal, demostrar que vales.

Como si fueras una guerrera contra un mundo que tienes que liberar. Que si eres mujer no te puedes negar a estar en el bando de "las mujeres". Y cuando tienes 40 años sin hijos o con menos de los que te gustaría te preguntas ¿de verdad merece la pena este sacrificio? Si la respuesta es sí, ¡enhorabuena! Pero si es no, ¿a quién reclamas? Es tu decisión y sólo tuya y de tu marido.

La realidad es que la maternidad es tan fuerte en la mujer, que la llama cada vez que ve un bebé o una embarazada. Una mujer "necesita" ser madre una vez, por lo menos. Luego ya veremos. Pero por una vez, sentirse embarazada, disfrutar de dar el pecho, sentir esa unión con el hijo de sus entrañas. Eso, excepto que tenga clara otra misión en la vida, es muy difícil de controlar.

Esto, para un varón es difícil de entender en toda su magnitud. Sólo una mujer puede entenderlo o un varón con esa sensibilidad propia de la mujer.

Ese sentimiento de entrega, propia de la maternidad, se usa para presentarla como tan difícil que es imposible ser buena madre.

Hay que relajarse. Con ese nivel de exigencia es imposible tener más de un hijo. Las madres llegan donde llegan. Y los padres lo mismo. Se oye "las madres no se cansan de esperar", "la paciencia con sus hijos es infinita", "se entregan sin pedir nada a cambio".

Las madres nos cansamos como todo el mundo, la paciencia se agota y la sensación de ser el felpudo de la casa la tenemos a veces.

Así que madres, quejaros todo lo que queráis, que los hijos ejerciten la paciencia con vosotras, que nadie en casa se sienta felpudo del resto y menos tú y tu marido.

Hablad entre vosotros y organizad la casa en función de vosotros, no de los hijos.

Esto es difícil, pero hay veces que no llegáis por falta de tiempo a esa extraescolar o al entrenamiento y tenéis que decir no. Si no, tu matrimonio lo pagará.

Hay veces que, para no hablar de los problemas de pareja nos refugiamos en los hijos. Nos da corte, pereza, desgana hablar de nosotros y los hijos son la excusa perfecta.

A veces jugamos a ser padres-madres perfectos. Leemos libros de educación de los hijos, hablamos con los padres-madres del colegio, vamos a reuniones y nos olvidamos de cuidar nuestra relación de pareja. Como si al ser buena madre-padre fuéramos buenos esposos.

La regla de oro es que para ser buenos padres-madres hay que quererse mucho como pareja. Los hijos lo ven todo y si no somos felices ellos se dan cuenta. Hay situaciones especiales en las que cuidar la relación de pareja es complicadísimo (es verdad).

Pero hay que luchar para que, superando las dificultades, nuestra relación sea lo primero.

Hay que pensar que la persona más necesitada de amor, en general, va a ser nuestra pareja. Como somos buenas personas anteponemos muchas cosas a nosotros y siendo bueno esto, puede hacer que, sin darnos cuenta, nos vayamos distanciando, no hablemos de nosotros sino de los hijos, la familia extensa, el trabajo, etc.

Hay que buscar el momento de encontrarnos a solas y mirarnos a los ojos. ¿Hace cuánto que no os miráis a los ojos? ¿Reconocéis a la persona que tenéis enfrente? ¿La seguís conociendo como de novios? ¿Seguís teniendo miradas cómplices?

Estad seguros de que, si os deseáis y sois como una roca, los hijos se educan mejor.

Los hijos son el fruto de vuestro amor y nunca causa de distanciaros por una mala entendida maternidad – paternidad.

"La maternidad te cambia porque transforma el cerebro de una mujer, estructural, funcional y en muchas formas, cambia irreversiblemente" (Lonstein, J.S Horm behaviour 241-255)

Una chica joven, María, que venía por el Gabinete porque no encontraba pareja y estaba volcada en su trabajo, tenía un alto cargo en una financiera. Su sueldo era muy bueno, pero venía porque sus relaciones no duraban. Su trabajo era muy extenuante y cuando salía se iba a casa o a un after Works para tomar algo. Se divertía con la gente. Había salido con varios chicos de los que se encontraba en el after Works, pero no duraba con ninguno.

Vino a consultarnos. Le explicamos que con ese ritmo de vida nadie, o difícilmente alguien, puede encontrar pareja estable. Ya que esa gente de los "after Works" sólo va a despejarse la cabeza, no a buscar pareja.

Le sugerimos que pensara cómo tendría que ser el hombre de su vida y que, en la siguiente sesión nos lo contara y, de esa manera, podíamos ayudarla también a que centrara sus gustos y preferencias y que también pudiera imaginarse en qué sitios podía encontrar al hombre de sus sueños.

Asimismo, le dijimos que se organizara mejor el trabajo y no saliera tan tarde, de manera que, una vez elegidos los sitios, donde se podría encontrar ese posible chico, pudiera ir a esos lugares.

Otro consejo que creíamos que tenía que seguir es que fuera proactiva, es decir, que no se limitara a frecuentar esos sitios sólo para ver lo que pasaba y a quién veía. Pero no en plan "buscona", sino con el planteamiento de que, de la misma manera que fue capaz de buscar un trabajo, que se preparó para el mismo, que hizo el pino puente por él; en relación con la búsqueda de pareja, que no lo dejara al destino sin poner nada de su parte. Y el destino puede estar "despistado", nos referimos que una decisión de este calado no la podemos dejar en manos de nadie, entre otras cosas porque, en el caso de que encontremos a la persona de nuestra vida, si no hemos sido nosotros libremente los que la hemos elegido y si vienen mal dadas, enseguida le echaremos la culpa a ese tercer elemento que fue el que nos llevó a tomar la decisión. Es decir, si lo dejamos al "llámese como se quiera, pero no mi voluntad", no estamos obrando libremente.

Volviendo a nuestra protagonista, la verdad es que todo salió mucho más rápido de lo que pensábamos. Se aplicó a conciencia.

Encontró un chico majo y al cabo de unos meses se casaron y tuvieron un hijo.

El cerebro de María se transformó. Nos contaba en alguna ocasión en la que nos encontramos por la calle, que era otra persona. El contacto con él bebe, su olor, su piel, el amamantarlo, abrazarlo, etc., no se reconoce. El trabajo ya no era imprescindible, sino era para darle una buena vida a su hijo. Le sorprendió que a su marido no le pasara lo mismo. Él seguía aferrado con progresar en su trabajo. Le explicamos que la forma de demostrar el amor, por parte del padre, es sentir que está haciendo todo lo posible para que no falte nada en casa. No podía permitir que María sugiriese que no se podía llevar a un colegio determinado por falta de dinero. Por eso su cerebro le decía prospera, prospera…

3.19. EL DÍA DE LA MADRE

El día de la madre y cómo lo viven los maridos.

Tenemos que reconocer que hay hombres más dados a los detalles que otros.

Pero hay que saber que los varones no se mandan notas unos a otros. No se regalan cosas el día de su cumpleaños. No van de compras juntos a por ropa de temporada. Con lo cual, no podemos o no debemos dar mucha importancia a que se les pase el ponernos una nota el día de la madre.

Entre nosotras, los detalles de cariño como notas, regalos o fiestas sorpresas son normales. Pero entre ellos no.

Habrá que tener paciencia y recordarles que se aproxima el día de la madre. Ellos son más de pensar que su esfuerzo diario es más importante que una nota. Y lo es.

Pero una cosa no quita a la otra.

Ayer vimos una serie en que cada uno de los varones de la serie contaban el desastre del día de San Valentín que habían tenido. Uno de ellos preparó una cena romántica con la comida que le gustaba a ella y una nota. Todo iba fenomenal. Ella iba de sorpresa en sorpresa y no cabía dentro de sí. Y lee la nota. Se le cambia la cara y dice leyendo: *"¿Qué pases un día fenomenal, muchos besos?"* Y sigue a continuación: *"¿Qué soy yo: un colega tuyo?"* Y termina: *"¡Nunca me dices que me quieres!"*. El chico no entendía nada. Él decía *"claro que te quiero. Te lo demuestro cada día. Me preocupo por ti y me ocupo de que no falte nada en casa. Qué tengamos buenas vacaciones. Le pedí permiso al jefe para poder irnos solos al hotel que te gusta"*.

Las compañeras de él le decían *"¿Cómo se te ocurre poner ese texto en la tarjeta? Tenías que ponerle un mensaje personal e íntimo, decirle que la quieres y lo especial que es para ti. No "qué pases un día fenomenal"*.

Esto pasa en la mayoría de las parejas si no se les enseña. Y nosotras tenemos que admitir que ellos son distintos.

Es mejor avisar de que se acerca el día que esperar a que se acuerden. Orientarles por dónde queremos que vayan, no esperar grandes sorpresas si no son muy detallistas. Y pasar un día fantástico en familia.

3.20. QUÉ QUIERO YO DE MI MARIDO: EXPEC-TATIVAS REALES Y ESPECTATIVAS FALSAS

Qué importantes es que nuestro marido sepa qué esperamos de él. Sobre todo, porque si hablamos con claridad nos evitaremos malentendidos y expectativas falsas.

Cuántas veces he oído decir en el Gabinete a los maridos "¡Por favor, que me diga qué quiere que haga, no que se pasee por casa con cara de malas pulgas, haciéndose la víctima y yo sin enterarme!"

Por ejemplo, a nosotras nos encantan las fiestas sorpresas, el que llegue un día con algo especial, el que nos comente que ha visto un vestido que nos puede quedar genial. Esto entre nosotras es algo natural, nos sale espontáneo porque es importante que las personas que tenemos alrededor estén ok, y una de las maneras que tenemos es hacer este tipo de cosas.

Pero ¿os imagináis a un hombre diciéndole a otro, "he visto una camisa de rayas verdes y azules que te puede quedar de cine con el pantalón nuevo"? Igual hay alguno, no lo dudo, que tenga esa sensibilidad, pero a la gran mayoría ni se les ocurre.

Son más de "¡vamos a tomar unas cervezas y ver un partido de fútbol!"

Por eso es importante hablar con él y decirle lo que te gusta, lo que te gustaría que hiciera, para evitar que te quedes esperando hasta el final de los tiempos para que tenga un detalle contigo. Y no es que no te quiera, sencillamente no se le ocurre.

Esto con relación a los regalos y detalles.

Hay otro capítulo que es también importante; sabemos que sí valoran todo lo que hacemos, tanto dentro como fuera de casa, pero nos encanta que lo sepan agradecer con palabras.

Parte del sentimiento de víctimas que en algunas ocasiones podemos llegar a tener, viene de esa falta de manifestación del agradecimiento. Nosotras hacemos las cosas porque nos da la gana, no porque nos lo imponga nadie ni porque tengamos a otra persona encima de nosotras. Son decisiones que hemos tomado libremente y que las hacemos sin necesidad de que nos lo estén agradeciendo todo el día, pero de vez en cuando, nos sabe a gloria que sean conscientes y nos digan frases del tipo "¡qué haría yo sin ti, que estás pendiente de este o de otro detalle!", "¡Menos mal que estás al tanto, se me hubiera pasado por completo esta gestión!".

Que las mujeres seamos capaces de hacer tantas cosas no significa que nos encante, ¿vale?

Es cierto también que, en los matrimonios actuales están repartidas las tareas porque generalmente los dos trabajan fuera de casa, el famoso 50%, pero también lo es que cada uno tiene capacidades diferentes y maneras distintas de resolver un mismo problema o de realizar una acción de una manera o de otra. Pero no se trata sólo de un simple reparto de esas tareas, sino de hacerlas de tal manera que al otro le guste también cómo las hacemos.

Me explico: Él se encarga de la comida y la compra y la mujer de la limpieza y el orden y entre los dos, de los niños si los tienen. Pero si ella es una perfeccionista y todo lo quiere reluciente, y eso supone que no se puede estar tranquilamente en el cuarto de estar porque se va a ensuciar, y él solo hace platos súper elaborados porque le encanta la cocina, pero que le llevan un montón de tiempo, claramente hay un pequeño conflicto de intereses.

Volvemos a lo de siempre. Hay que hablarlo, y probablemente los dos tengan que ceder en sus maneras de hacerlo, no porque sean malas, sino porque por encima de las capacidades de cada uno está la buena convivencia y el no hacer las cosas sólo buscando nuestra propia satisfacción.

Creo que no hay nada peor que una mujer histérica por el orden y la limpieza que está todo el día con la bayeta, limpiando por donde pasan. Pero tampoco es plato de gusto un marido que se pasa dos horas en la cocina y nos hace un plato exquisito, pero es incapaz de dejarla recogida y, cuando entras, aquello se parece a las playas de Normandía después del desembarco de los aliados. Lo dicho, llegad a acuerdos, ceded en lo que no sea esencial y todo será mucho más fácil.

No sé si habéis escuchado un audio (durante la pandemia del Covid-19 y posterior desconfinamiento del 2020) en relación con las salidas de los niños. El padre iba diciendo todo lo que tenían que llevar para poder salir y al final, se olvidaron del niño. Pero el hombre se había aprendido de fábula la lista.

Sepamos que no somos imprescindibles. Nuestros hijos sobreviven y aprenden muchas más cosas y son mucho más autosuficientes que cuando estamos nosotras que tendemos, en algunos casos, a resolverles a los enanos todas las dificultades. Así cuando estén con sus padres, pensarán: "lo tengo que hacer bien, porque si no pensará que soy un pringado…"

3.21. VAGINISMO

El vaginismo es la imposibilidad de penetrar a la mujer por parte del varón. En el momento de la penetración, la mujer involuntariamente cierra literalmente su vagina por el espasmo involuntario de los músculos que rodean la entrada vaginal.

El vaginismo debe ser tratado cuanto antes. Ya que en muchos matrimonios se vive en silencio y pueden estar sin consumar el matrimonio durante años. Este efecto psicológico puede ser devastador tanto para la mujer como para el varón.

Al ser un acto involuntario la mujer no tiene el control sobre su vagina. Los esfuerzos del varón por consumar el coito le producen daño, además de ansiedad, tensión y rabia; estos sentimientos sólo cesarán cuando el varón deje de intentar penetrarla.

Puede parecer que la mujer es maltratada por el varón al intentar el coito, pero en muchos casos es la mujer la que anima al varón a intentar el coito, aunque le duela, porque ella misma no entiende lo que le pasa.

3.21.1. CAUSAS FÍSICAS

La doctora Helen Singer en su libro "La Nueva Terapia Sexual" tomo 2 – 290 habla de causas físicas: "himen rígido, contrafuertes himeneales dolorosos, endometriosis, enfermedades inflamatorias de la pelvis, atrofia senil de la vagina, relajación de los ligamentos uterinos, tumores pélvicos, patologías obstétricas, estenosis de la vagina, carúnculas uretrales, hemorroides, etc. Realmente, la mayor parte de estos estados físicos no implican directamente a la entrada vaginal. Sin embargo, debido a que producen dolor en la penetración y en el acto sexual, brindan los factores negativos que permiten la adquisición de una respuesta vaginística condicionada."

Como el coito produce dolor, aunque físicamente se pueda realizar, provoca la contracción de los músculos en la mujer y como consecuencia, el vaginismo.

Aunque se corrijan las causas del dolor durante el coito, la mujer, en muchos casos, seguiría de forma refleja, cerrando su vagina por el recuerdo del dolor. Con lo que necesitará ayuda para ir perdiendo el miedo al coito.

3.21.2. CAUSAS PSICOLÓGICAS

En nuestra experiencia, las causas psicológicas pueden ser una educación sexual inadecuada, ya sea por transmisión de información errónea, tanto del padre como de la madre; un control exagerado o sobreprotección de los padres; una educación religiosa equivocada en este tema, en la que todo es pecado; malas experiencias en el pasado, etc.

Otro factor puede ser el temor a los hombres por malos ejemplos en la niñez y adolescencia. También puede ser el miedo incontrolado al parto. O la educación demasiado rígida e irreal sobre el sexo, que, en nuestra opinión, suele ser la causa más habitual.

De todo lo anterior, se deduce que en el origen del vaginismo puede haber una asociación del acto sexual con pensamientos negativos. Ya sea por el dolor, sentimientos de suciedad o tabús en su educación, ignorancia con respecto a las relaciones sexuales que conducen a un rechazo por parte de la mujer y producen ese reflejo incontrolado.

3.21.3. TRATAMIENTO DE LA FOBIA

Consiste en eliminar la respuesta condicionada. Sólo en casos graves, cuando las causas son profundas, hace falta un tratamiento más específico.

Excepto en estos casos, la estrategia terapéutica, una vez visto que no hay factores físicos que lo impidan es, se puede decir, sencilla: consiste en poco a poco ir desconectando ese espasmo involuntario.

Para esto es imprescindible la participación de la pareja de manera comprometida. Para eliminar la respuesta involuntaria de la contracción de la vagina, Máster y Johnson idearon el método de ir introduciendo catéteres (elementos cilíndricos suaves), al principio de muy pequeño diámetro e ir aumentado este hasta aproximarse al diámetro de un pene erecto. Hay que ir al ritmo de la mujer. Puede ser variable, pero entre 4 y 10 dilataciones al día, según la doctora Helen Singer, suele ser lo habitual.

Estos cilindros pueden mantenerse el tiempo que se crea oportuno, no hay un tiempo estándar e incluso, si la paciente lo admite, puede quedarse puesto toda la noche.

Una vez que se consigue que acepte el diámetro de un pene erecto, se puede aconsejar tener relaciones sexuales con coito en el que la mujer debe controlar el pene de su marido con la mano e introducirlo en su vagina. El varón no debe hacer ningún movimiento, sólo si la mujer se lo pide.

3.21.4. TRATAMIENTO DEL ELEMENTO QUE PRODUCE FOBIA

Hay muchísimos métodos para el tratamiento de la fobia, dependiendo de la importancia de ésta.

Nosotros nos referiremos a los casos de fobias más sencillas y también más habituales. En este método lo que se recomienda a la mujer es que se relaje y cuando lo esté, se imagine la situación sexual que tiene, que la pueda mantener relajada. Al principio, imaginándose que se acerca el varón. Cuando esta situación sea aceptada, intentando la relajación, puede pasar a pensar en ella con su marido en la cama con ella, y cuando esto no le haga perder la relajación, imaginarse al varón con una erección. Cuando ella se sienta tranquila después de imaginarse la situación, sin perder la relajación, se debe empezar con el paso dos, es decir, ir desconectando poco a poco el espasmo involuntario.

Hay más métodos, como la hipnosis, o el Método Flooding, que es una variante del método explicado anteriormente, el uso de relajantes musculares puede ser interesante para ayudar a la mujer. Máster y Johnson recomiendan una exploración ginecológica conjunta del médico y el marido. Otros en cambio, opinan todo lo contrario, que la presencia del marido puede ocasionar angustia en la mujer.

Hay que ser muy claros con la mujer y hacerle ver que si no consigue insertar nada en la vagina no podrá tener una relación satisfactoria con su marido. Hay que implicarla en la superación de su fobia. La implicación del marido también es imprescindible, como ya hemos dicho, pero debe ir al ritmo que la mujer marque junto al terapeuta. Cada caso es único y debe tratarse así.

El terapeuta debe ser sensible con el dolor de ambos cónyuges y también explicar a la mujer que el tratamiento no puede ser eterno. Ella debe desear avanzar en el mismo.

En resumen: Hay que reducir progresivamente la ansiedad de la paciente a la penetración y así conseguir ir aumentado la dilatación de la vagina.

La exploración mutua de los genitales femeninos tanto de la mujer con un espejo, como del varón observándolos y hablando con normalidad de ellos y sus partes, hace que su relación sobre el tema del sexo sea más espontánea. También puede ser interesante la misma experiencia con los genitales del varón, como forma de eliminar cualquier tabú o desconocimiento sobre los genitales masculinos. En el caso de la exploración de los genitales femeninos, debe ser ella la que manipule sus genitales, no él.

El vaginismo no se supera si la mujer no quiere superarlo. El terapeuta debe enfrentar a la mujer con la realidad de que debe asumir cierta incomodidad en el proceso de dilatación. Que sin su colaboración no se avanza. Que refugiarse en otras formas de tener relaciones sexuales diferentes al coito no lo hacen innecesario. La importancia de la unión de los cuerpos en el matrimonio es insustituible y no se compensa con otras formas de demostración de cariño (salvo enfermedades u otro tipo de impedimentos que se presenten después del matrimonio).

Cuando la mujer se involucra de verdad en el proceso, se ha conseguido un importante porcentaje de curación.

4. DIFERENTES EXPECTATIVAS

El que se presenten a varones y mujeres con un igual deseo sexual y que lo diferente se debe a una educación machista o patriarcal, en nuestra opinión, no se ajusta a la realidad más común.

Esta forma de pensar puede hacer mucho daño, ya que ambos tienen unas expectativas que no se cumplen ni en ellas ni en ellos. Los chicos esperan que ellas tengan un deseo sexual sin vertiente amorosa. Ellos dicen "te deseo" y ellas entienden "te quiero". Pero ellos han dicho te deseo. Es decir, en el lenguaje masculino te deseo sexualmente significa "me pones como una moto cuando te veo". Pero ellos no han hablado de amor o compromiso ni de que tienen sueños de una historia de amor. Es difícil entender esto para una mujer, que ellos separen tan alegremente el sexo del amor. Pero es así. No vamos a perder el tiempo discutiendo si está bien o mal. La realidad es la que es. Y hay que saberla.

Cuántas veces nos viene una chica pidiendo consejo porque su vida sentimental es un desastre. Y dice "los chicos sólo piensan en una cosa". Eso no es así, también piensan en fútbol, en sus amigos, los estudios, el trabajo y muchas cosas más que llenan la vida de un varón. Y también separan muy bien si una chica le atrae sexual y amorosamente o sólo sexualmente. Y también le puede caer bien como amiga sin más. Para entender esto, las chicas deben saber que ellas también distinguen. Hay chicos que son guapos, pero no saldrían con ellos. Otros que son guapos y saldrían con ellos. Otros que ni son guapos ni saldrían con ellos, pero que son sus amigos. O no son guapos, pero saldrían con ellos. Pues en el caso de los chicos, si no ponen ellos coto no tienen problema en tener un flirteo sexual de diferente intensidad, según el límite que ponga ella. El estar besándose o tocándose no quiere decir para él necesariamente "te quiero" como novia o pareja. A veces sí. Por eso, ellas deben saber a qué quieren llegar en la relación con el chico. Y la forma de saberlo es preguntarlo y mantenerlo a raya. Si admite tu manera de verlo, a pesar de estar a dos velas, entonces puede ser que te quiera como pareja o novia. Esto no quiere decir que todos sean unos falsos ni que sean unos mentirosos. Pero es bueno saber con quién me la estoy jugando. También en el caso de las chicas hay que saber sus intenciones.

No debemos, en nuestra opinión, tener relaciones sexuales, varones y mujeres, sin saber las intenciones del otro. Porque si no nos podemos llevar muchos engaños, tanto varones como mujeres. Podemos pensar que sólo es atracción sexual y nada más y nuestra compañía pensar que es algo más. Es muy fácil que nuestras malas elecciones y poca visión crítica de las decisiones que tomemos haga que juzguemos a los varones o a las mujeres en función de nuestra mala experiencia.

Somos tan distintos sexualmente que todas estas cosas nos parecen, desde nuestra perspectiva de mujeres/varones clarísimas. Pero si viéramos la percepción de cada uno nos llevaríamos una sorpresa ¿Por qué la percepción de un varón sobre la mujer es distinta de la mujer sobre el varón? Debería ser la misma ya que somos iguales en derechos y obligaciones. Pero no lo es. La forma de amar de una mujer es distinta a la del varón. La forma de demostrar el amor por el hombre es distinta a la de la mujer. Una cosa es lo que nos gustaría por comodidad, es decir, que ellos y ellas en el tema sexual pensaran igual y otra, la realidad. Nos gustaría que los chicos tan monos nos quisieran como nosotras querríamos que nos quisieran. Y como chicos, nos gustaría que las chicas nos quisieran como a nosotros nos gustaría.

Pongamos un ejemplo. Un chico y una chica se gustan, supongamos que sexualmente. Tienen relaciones. Su relación es únicamente atracción sexual. Después de esa relación, al día siguiente, esa chica se va con otro amigo del primer chico. Él, si sólo le atrae sexualmente, no tendrá ningún problema en que se vaya con su amigo e incluso hablarán de lo que han hecho y hasta dónde han conseguido llegar. El caso contrario, que dos amigas tengan relaciones con el mismo chico y que sólo vean una relación sexual entre dos personas que se desean físicamente y nada más, no es tan frecuente. Y que se cuenten hasta dónde han conseguido llegar en vez de contar hasta dónde le he dejado llegar, es todavía más raro.

No es cuestión de educación ni de patriarcado, es cuestión cerebral. Es verdad que hay casos de machismo y patriarcado, pero no como para decir que esta forma de pensar y de sentir mayoritariamente de las mujeres es consecuencia del machismo. Es tanto como decir que las mujeres se pliegan a las exigencias de los hombres y que ellos pueden cambiar la forma de amar y de desear, de ellas. Cosa, que es tanto como decir que las mujeres, en general, se han dejado manipular por los hombres. Nos parece que a pocas mujeres les gustaría que se las considerara a ellas, a sus madres y abuelas con tan poca personalidad y tan subyugadas al varón. Es que el sexo para un hombre y para una mujer no significa lo mismo. Y a veces me dicen "es muy complicado"; "me aburre ser tan distintos"; "son unos cerdos"; "¡Qué se pensaba ella! Creía que lo tenía claro". La complementariedad entre varones y mujeres no es fácil. En casi ningún aspecto de la vida. Y el sexo no es una excepción. Así que para no llevarnos desengaños es muy importante saber con quiénes salimos. Qué tipo de amistades tiene nuestra pareja. Cómo han sido sus relaciones anteriores.

Hay que disfrutar de esta diferencia y hacer que nos haga ser más felices por descubrir ese otro mundo que desconocemos. Que no es ni más rico ni más pobre. Es diferente. Hoy, que se habla tanto de valorar al diferente, valoremos a nuestra pareja en su diferencia con nosotros. No intentemos reeducarnos el uno al otro.

4.1. LA MASTURBACIÓN

La masturbación es un tema fundamentalmente masculino (que ahora se quiere "normalizarlo" en la mujer). La razón puede ser variada. Por un lado, el tener los órganos sexuales más a la vista; también por la excitación a través de la vista, que provoca la erección y una llamada de atención; picores en el glande que llevan a la masturbación; el acumulo de esperma y su necesidad de salir, que provoca sueños eróticos y un orgasmo; la curiosidad de repetir ese orgasmo fuera de los sueños o de las relaciones sexuales; los "mayores" que enseñan a los "pequeños" y se constituyen en sus "maestros". Y muchas razones más que hacen que los varones se masturben en más proporción que las mujeres.

Lo que sí es verdad es que, en nuestra experiencia, para una persona en el que su vida sexual es satisfactoria no la "necesita". La masturbación es una estafa, un fracaso. Ya que se usan los órganos sexuales de forma que contradicen su finalidad natural. Que es la entrega mutua. Nos decía un amigo "masturbarse es como hacer trampas en un solitario. Si, lo acabaste, pero no te llena. Sabes que has hecho trampas". Por eso es tan importante que la vida sexual matrimonial sea satisfactoria para los dos. Se tiene que hablar de las "necesidades" de cada uno. Si nos llena nuestra vida sexual matrimonial todo esto no se plantea.

Hoy se habla mucho de la masturbación femenina. Poco tiene que ver con la masculina. Como la sexualidad femenina con la masculina. La primera diferencia es que el varón tiene un reclamo más importante al tener sus órganos sexuales a la vista. Y que el área sexual cerebral es mayor en el varón que en la mujer. La vista de escenas eróticas provoca excitación y fácilmente lleva a la masturbación si no se tiene autocontrol. También en los vestuarios de adolescentes hay concursos de quién se masturba más rápido. Hay varones que tienen un problema con la masturbación. No es un tema menor en el varón si no lo controla.

En la mujer, su área sexual cerebral es menor, sus órganos sexuales están más escondidos. Sus puntos erógenos no están tan accesibles como en el varón, con lo que la masturbación es más complicada. Por eso, a la mujer se le proporcionan unos "juguetes eróticos", para que más mujeres se animen, aunque sólo sea por curiosidad. Como en el caso de los varones cuando llega el "maestro" sexual que hemos explicado antes. Otra diferencia es que, para cualquier varón, en general, entre acostarse con una mujer o masturbarse elige tener relaciones con una mujer. Porque como hemos dicho, la masturbación es en muchos casos un sustituto de la falta de relaciones sexuales, ya que el varón requiere menos que la mujer para llegar al orgasmo. La mujer muchas veces no llega al orgasmo porque el varón se olvida de ella y sólo piensa en su placer. Otras veces ocurre que la mujer no consigue concentrarse y olvidar las cosas pendientes que tiene en la cabeza. Se ha podido enfadar con su marido y es incapaz de disfrutar. El mal aliento, la poca limpieza o la brusquedad del marido hacen que la mujer se inhiba. Se tiene que relajar por completo y sólo pensar en disfrutar y eso para la mujer no es tan fácil como para el varón. Por eso, estos aparatos sexuales hacen lo que quiere la mujer. Y lo usa cuando quiere y como quiere. Es difícil que un pene compita con esos aparatos porque la mujer no lo puede controlar, al pene, a su antojo.

Parece interesante. Pero la realidad es menos bonita. Algunas mujeres ya empiezan a pedir ayuda porque son incapaces de disfrutar del sexo con varones. Y para ellas lo que empezó con un juego se ha convertido en un problema. Les gustaría disfrutar con su pareja cuando tienen ocasión de estar tranquilos y no lo consiguen. Porque es muy difícil que el pene del varón este rozando el clítoris de la mujer al ritmo y a la suavidad que ella lo hace con el aparato. Es verdad que no les pasa a todas y que hay mujeres que se excitan con más facilidad que el varón, pero no es lo habitual en nuestra experiencia.

Hoy se hablan maravillas de la masturbación y de que durante siglos se la ha maldecido. Y que es hora de que nos libremos de esos prejuicios.

En la naturaleza humana hay cosas inscritas. Como que entre una amistad verdadera y una amistad cualquiera es mejor la verdadera. Que entre un amor verdadero o sus sucedáneos nos gusta más el verdadero, aunque es cierto que hay gente que se conforma o quiere el sucedáneo porque compromete menos. O que compra sexo por dinero. Pero la mayoría quiere sexo por amor.

Hay gente que disfruta de besos apasionados, pero más falsos que Judas, y que les da igual (como dice la canción de *Héroes del Silencio*). Pero, en fin, donde esté un beso apasionado por amor que se quiten los otros (por lo menos para nosotros).

Pues con la masturbación pasa lo mismo. Se consigue un orgasmo, pero nada comparable con el que puedes conseguir con tu amante. Es verdad que hay personas a las que les vale. Pero no deja de ser un sucedáneo del orgasmo ideal.

La naturaleza del hombre es la que es. Prefiere las cosas verdaderas a los sucedáneos. Otra cosa es que lo verdadero cuesta y requiere salir de uno. Y el sexo no es una excepción. Si quieres disfrutar del sexo total hay que hacerlo con un amor de verdad. Todo lo demás son sucedáneos.

En nuestra opinión, hay que buscar lo verdadero en la amistad, el amor, el sexo, el compañerismo, la compresión, la justificación, la admiración, el cariño, el respeto, etc. Que si nos conformamos con sucedáneos tenemos que ser serios y reconocerlo. Pero hay una cosa que nos jugamos mucho y es confundir o elegir el amor sucedáneo por el verdadero. Y en el amor está el sexo.

Hablando con gente, nos dicen "¿y por qué no tener las dos cosas (sexo y masturbación)?" Solemos preguntar "¿tú quieres tener un amor verdadero y, por lo tanto, que te llene en todas tus facetas de la vida?" Si dicen "si" les decimos "ya verás, no te hará falta masturbarte". Si nos dicen "no" ya estamos hablando de sucedáneos y entonces todo puede valer.

4.2. LOS CHICOS PREFIEREN PELÍCULAS PORNO Y LAS CHICAS LIBROS PORNO ROMÁNTICOS

Nuestros hijos han nacido en la década de los 90 del siglo pasado. Y cuando íbamos de paseo, por ejemplo, los domingos, teníamos que andar con cuidado con los kioscos donde comprábamos las golosinas o el periódico o las revistas de muebles porque estaban llenas de revistas pornográficas (no eran mujeres desnudas, sino bastante más). También en el video club teníamos que andar con cuidado para que no se metieran detrás de las cortinas donde estaban las películas "porno". Esto os puede sonar a alguno un poco raro. Buena señal, quiere decir que sois muy jóvenes.

La pornografía siempre ha existido y la podemos encontrar en multitud de cuadros, esculturas y monumentos muy conocidos y que esconden esculturas de "poco gusto" para los que no nos gusta el porno. En el Hostal de los Reyes Católicos hay escenas en los adornos de las fachadas bastante explícitas, por ejemplo.

El problema es que antes tenías que buscarlo y dar, como quien dice, la cara comprando la revista, alquilando la película, buscando esas escenas en los monumentos, cuadros, etc. Hoy no, uno se mete en su habitación y puede ver lo que quiera. Está a salvo con una clave complicada de la curiosidad de los familiares. Decimos familiares porque esto no es problema de los quinceañeros, que también, sino de todos los miembros de la familia. En concreto, los varones en lo referente a el "porno visual" y las féminas con el "porno-novelas".

¿Por qué esta diferencia? La razón está en nuestros cerebros. En los varones, la forma más habitual de excitarse es visualmente. Se han hecho estudios y ante imágenes eróticas-sensuales las zonas o áreas sexuales del cerebro del varón parecían "la feria de abril" (es una feria en Sevilla, España, en la que se encienden miles de luces y se bailan sevillanas). En cambio, esas mismas escenas no producían el mismo efecto en el cerebro de las mujeres. Si en vez de poner sólo imágenes se ponían escenas romántico-eróticas en las que había una trama romántica, las que parecían la feria de Sevilla eran ellas.

No podemos llevarnos a engaños, la pornografía no es cosa de hombres sólo. Si entendemos por porno sólo las películas que solemos denominar porno duro es muy probable que sea cosa de hombres, pero si metemos la literatura porno-romántica, son mujeres las grandes consumidoras. Y son mujeres las que tienen más éxito al escribir este tipo de libros.

Cada sexo tiene una forma de excitarse y la industria pornográfica da a cada uno lo que "exige". Parece que la lectura de una novela porno es menos mala que las pelis. No sabemos cuál de las dos son más adictivas. Unas obligan a la imaginación a ponerse en funcionamiento y los recreamos con una coreografía a gusto del consumidor. En general, menos violenta o que haga menos daño a la sensibilidad al principio, pero luego la imaginación se va animando y puede ser mucho más agresiva que las películas. Bajo una capa de cultura, el libro es considerado cultura, se esconde una sexología muchas veces masoquista que hace ver el sexo como algo cavernario y sucio.

Tenemos que saber qué libro leemos y qué poso nos deja. Si al leer un libro, las escenas que describe no van con nosotros, mejor dejarlo. También la pornografía de películas al principio nos echará para atrás y, si nos quedamos viéndola, cada vez nos dolerá menos la sensibilidad.

Sólo nosotros podemos ser guardianes de nuestra sexualidad. Y sólo nosotros decidimos cómo queremos vivirla. Mucho dependerá de las amistades que elijamos. Si nuestras amistades ven o leen pornografía es muy difícil que no lo hagamos nosotros. ¡Y no digamos si nuestro/a novio/a consume este tipo de productos! ¡La realidad es la que es! Y nos despierta muchas veces con un "trompazo". Y nos preguntamos "¿Cómo he llegado a esto?" Pues poco a poco. Pensando que todo el mundo lo hace. Los "guais" ven o leen este tipo de cosas. Y miramos a los que no lo hacen como gente reprimida o muy infantiles. Los libros, además, tienen el peligro de que socialmente no están tan mal vistos. Y por eso pueden ser más peligrosos, porque en la categoría de libros los ponen como libros eróticos. Como si el erotismo fuera pensamientos morbosos o fantasías inconfesables. La verdad, es que el erotismo es connatural al hombre-mujer y en la pareja y, por tanto, deseable, pero nada tiene que ver con ese tipo de literatura pornográfica.

De todas formas, si estás enganchado/a se puede salir, dejar esta dependencia y ver el erotismo y la sexualidad como algo limpio y transparente, donde la pareja vive su sexualidad sin morbos ni fantasías ocultas porque entre ellos hay comunicación.

Nos podéis decir que el morbo bien entendido no es malo. Cualquier sustantivo cuando se le añade el adjetivo de morboso se estropea (curiosidad morbosa, sexualidad morbosa, mirada morbosa, etc.) porque morboso es sinónimo de enfermo. Lo que pasa es que, a fuerza de oírlo, cada uno adapta el significado a lo que conoce. Para una persona que ve o lee pornografía, puede no ser nada las relaciones con cuatro personas a la vez y para el no consumidor, puede ser una sexualidad subidita de tono.

Todo esto que estamos hablando es un tema en el que nos movemos en una línea muy delgada donde entra la sensibilidad de cada uno. Por eso, puede que lo que para uno es subidito de tono para otro es una "infantilidad".

El nivel se tiene que poner personalmente. Cada uno busca su nivel. No el que tiene más tragaderas es el más libre de prejuicios. Puede ser que sea el más reprimido de todos y su palabrería sólo esconde su propio descontrol. O a lo mejor no.

La libertad personal es inviolable y solamente se puede decir "A mí me va bien esto. A lo mejor a ti también."

Por nuestra experiencia propia y profesional, la pornografía tiene un problema que te impide disfrutar de los placeres pequeños de las relaciones sexuales.

Pasa lo mismo con los chistes guarros, el primero que cuentas te produce un placer, pero cuando lo has contado 20 veces tienes que subir el tono. Y esto es infinito porque siempre pide más.

4.3. LOS HOMBRES SUELEN SER MÁS BRUTOS EN LAS RELACIONES SEXUALES

Los varones, en sus relaciones sociales entre ellos son muy dados al choque, palmadas, abrazos fuertes saltar chocando el pecho y muchas formas más de demostrarse afecto.

Al varón hay que explicarle que su relación con las chicas no puede ser como con la de otro varón. Ya que, en ellas, su forma de relacionarse es más suave, menos brusca. A ellas les atrae esa forma de relacionarse que tienen los chicos entre sí. Pero los chicos pueden pensar que ellas quieren que se les trate igual. Pueden entender, equivocadamente, que ellas son como ellos, pero en un cuerpo distinto.

Ellos deben entender que si una chica con sus amigas se trata con menos brusquedad es porque le gusta que la traten así. No son masoquistas ni nadie les obliga a tratarse de una determinada forma. Son así porque les da la gana.

Pues en las relaciones sexuales, los varones no pueden tratarlas como si fueran un cuerpo de mujer con cerebro de hombre.

Nosotros decimos que la coreografía de las relaciones sexuales que tiene una mujer y un hombre no coincide en muchos casos. Cuando una chica piensa en tener relaciones sexuales con un chico todo es menos brusco, menos rápido. Más romántico.

En las primeras relaciones, si el varón quiere que disfrute su pareja su brusquedad tiene que ser controlada. Y viendo si ella está de acuerdo. Porque si no, puede pasar que, sin quererlo el varón, ella se sienta "usada". Estas cosas hay que hablarlas para mejorar nuestra complementariedad sexual. Cada uno tenemos nuestra sensibilidad y el derecho a que se nos respete.

Hablando en general y viendo el consumo de pornografía muy superior en los varones, no es una imprudencia decir, en nuestra experiencia, que la brusquedad viene más por el varón. Se puede dar al revés y lo hemos comprobado en el gabinete, pero no es lo habitual. Tampoco se puede decir que esas mujeres sean menos mujeres, simplemente se salen de la media o de lo más habitual.

Las mujeres son más consumidoras de porno-literario en las que ellas ponen la velocidad y la fuerza a su antojo. La pornografía visual está pensada para varones y la literaria para mujeres. Sólo hace falta ver quién consume una y otra. Ya hemos hablado de esto antes. En algunos casos, como la velocidad de excitación y orgasmo son más rápidos en el varón, puede dar la impresión de sólo pensar en él.

La realidad es que, si nadie se lo dice o la mujer finge sentir lo que no siente, el varón puede pensar que ella está disfrutando cuando en realidad no lo está haciendo. Esa rapidez y brusquedad del varón puede cansar a la mujer y dejar de desear tener relaciones con ese o con cualquiera. Y sólo desear tener un compañero de piso con quien hacer planes juntos, pero nada de sexo. Las mujeres que quieren este tipo de relaciones son cada día más jóvenes, por lo que vemos en el gabinete. Les gusta tener un hombre en su vida para ir a cenar y compartir muchas cosas, pero el sexo, lo dejan claro, es otra cosa. Lo que les pasa es que no han encontrado la complementariedad sexual con ningún varón y se han cansado.

En las relaciones de pareja no podemos esperar que el otro se adapte a nuestros gustos sin dar nada a cambio. El amor es dar y recibir. Y en el sexo, como demostración de amor, también es dar y recibir.

4.4. ¿POR QUÉ NO TENER RELACIONES DURANTE EL NOVIAZGO?

Lo primero que queremos decir es que, para nosotros, la mejor opción durante el noviazgo es no tener relaciones sexuales. Queremos dejarlo claro. Como el buen profesor que decía a los alumnos lo que quería que se les quedara grabado al principio de la clase.

¿Por qué decimos esto? Porque así lo hemos vivido y nos ha ido muy bien. Pero lo hicimos porque nos dio la gana e independientemente de lo que cada uno de nosotros hubiera hecho antes. Nadie nos obligó ni vigiló. Así lo decidimos los dos y nos costó porque nos queríamos muchísimo. Pero nos sirvió de aprendizaje a negarnos a nosotros mismos y también para aumentar nuestra fortaleza como pareja y como persona para enfrentarnos a exigencias posteriores.

Por otra parte, hay que saber que acostarte con alguien supone una entrega de la intimidad que afecta a lo más profundo de la persona. Cuando esa entrega es con la persona con la que has decidido compartir tu vida, hasta el final de ella, no tendrás remordimiento de una entrega sin correspondencia, ni sensación de vacío porque va respaldada por un compromiso de por vida. Es un gesto que implica la vida entera. Por eso el compromiso matrimonial es hasta la muerte.

Después de esta introducción en la que decimos lo que nos ha ido bien a nosotros y que va acorde con la naturaleza humana del deseo de plenitud. Hay que aclarar que el método no es infalible. Es decir, no tener relaciones durante el noviazgo no te asegura un matrimonio feliz. Es evidente que no es así. Ni tampoco el tenerlas. Nos negamos a las recetas mágicas y al "esto se debe hacer así porque así se ha hecho siempre".

Así que muchas veces nos preguntan *"¿qué debo hacer?"* Y nos comentan *"mis amigos se acuestan con su pareja y a nosotros nos dicen que por qué no lo hacemos"*

- *Y vosotros, ¿qué contestáis?*

- *¿Nosotros? Pues la verdad, muchas veces no sabemos qué decir. Vamos, yo hago esto porque así me han educado. Tampoco veo la otra opción tan fantástica. Pero es verdad que a veces se me queda cara de tonta. Todos lo hacen y soy la rara.*

- *Mujer, todos no lo hacen. Es verdad que muchos sí. Pero todos no.*

Lo primero que les solemos decir es, después de hablar un poco, *"¿y entienden que te cases para toda la vida? Porque eso es más incomprensible que lo del sexo. Juras amor de por vida. Fidelidad de por vida. Aunque luego te parezca encontrar otro mejor. Esto sí es escandaloso, radical y, para muchos, ridículo".*

Entonces intentamos explicarles que es una decisión personal. Que lo haces porque te da la gana. Es verdad, con una base y razonado, pasado por la razón, pero el que no te quiera entender no te va a entender. Y no vas a convencer a nadie que no esté dispuesto a entender y escuchar.

La persona que ve las relaciones sexuales como algo físico y para conseguir un placer y no se lo quiere perder con la persona con la que está ahora, por si acaso rompen o por probar un/a más, pues puede ser que no lo llegue a entenderlo.

Si esas dos personas no tienen nada más en común que el deseo de acostarse, puede ser que para ellos no sea más que la de una muesca en la pared.

Pero si entre ellos hay amor y deseo de matrimonio (pareja estable entre un varón y una mujer para toda la vida), entonces puede interesar la espera y hacemos notar que no hablamos de matrimonio religioso, de la confesión que sea. El deseo de encontrar una persona que te ame en cualquier circunstancia y situación es universal. Como tener un amigo de verdad. Está en la naturaleza humana.

Antes de seguir con esto, debemos decir que la complementariedad en el matrimonio no sólo es en los caracteres, la afectividad, el gasto del dinero, en la paternidad y maternidad, en los gustos, y muchas cosas más. Entre esas cosas está el sexo.

Como ya vamos viendo en lo leído, varones y mujeres somos muy distintos en cómo vemos los problemas, qué soluciones tienen esos problemas, la paternidad y maternidad, y el ¿sexo? Pues también hay que buscar la complementariedad. Entonces viene la pregunta "si hay que buscar la complementariedad en el sexo ¿por qué no probamos antes?" Pero hay una cosa que debes tener clara. Que el noviazgo sirve para conoceros ¡ahora! Y os vais a comprometer ahora para toda la vida. Con lo cual, tenéis que ser conscientes de que vais a cambiar. Todos cambiamos y tu novio/a de ahora no será igual dentro de 10 años. Habrá ganado en madurez. Y habrá que volver a conciliar muchas cosas otra vez, entre ellas el sexo. Y tú también habrás cambiado.

Debemos tener claro que cuando uno se casa con una persona va a cambiar a lo largo de su vida quieras tú o no. Es un proyecto de por vida para hacernos felices.

Bien, entonces, aunque probéis ahora, igual dentro de 10 años habrá que conciliarlo de nuevo. No te da la seguridad de nada probarlo ahora. El matrimonio es tan maravilloso porque pones tu felicidad en manos del otro. Por eso mucha gente no se casa.

Entonces, hay que elegir qué cosas quieres saber para saber si encajáis. Lo normal es que, si os deseáis, sexualmente, el tema sexual no debe ser un problema. Si no os deseáis sexualmente entonces replantearos urgentemente la relación. Sin deseo sexual en el noviazgo el matrimonio no va a ir bien. Los temas que normalmente habrá que hablar son: de creencias, proyectos de vida, hijos, trabajo, gastos, familia extensa (suegros, cuñados, etc.), dónde viviremos, si estamos seguros de casarnos para toda la vida. Mirad, en nuestro noviazgo de lo que estábamos seguros es de que nos queríamos y que las relaciones sexuales no eran un problema en ese momento y recalcamos "en ese momento" porque el amor pasa por la fase que llamamos *la adolescencia del amor* y en esa fase todo parece venirse abajo (como en la adolescencia biológica).

Además, es un buen entrenamiento para el tiempo de casados porque nos prometemos fidelidad y habrá situaciones en el matrimonio en que no se puedan tener todas las relaciones que quisiéramos. Y habrá que esperar. Y como en cualquier faceta de la vida, si no estamos preparados a lo mejor no somos capaces de vivir la fidelidad en ese momento.

En nuestro Instagram, @lonuestro.info, explicamos cómo son los varones y las mujeres en general, en el tema del sexo. Y luego hablar con sinceridad sobre el tema. Si uno de los dos sólo ve "pecado" en todo o si le repugna el sexo. De todo esto hay que hablar y conocerse porque si no, tendremos problemas seguros.

En nuestra opinión, la decisión de tener o no relaciones antes del matrimonio es exclusivamente personal. En el sentido de que cada uno debe formarse y razonar sus propias decisiones. No se puede funcionar sin información buena, asimilada y razonada. No podemos funcionar por eslóganes o porque me apetece, todo el mundo lo hace o así me educaron. Eso solo hace que se funcione si un por qué.

Para lo que sí sirve, la espera, es para demostrarnos que somos dueños de nuestro cuerpo y cabeza. Y que en el tema sexual nos controlamos y no vamos detrás de todo lo que se mueve.

A nosotros nos parece que es una buena decisión retrasar el sexo hasta el matrimonio. El noviazgo es tiempo de demostrarnos cosas. De que queremos demostrarnos de verdad que somos capaces de renunciar a nuestros deseos por el amor al otro. Que si tenemos que cambiar estamos dispuestos por amor.

El demostrar que por amor los dos somos capaces de renunciar al sexo porque así lo hemos decidido ambos es, para nosotros, una buena decisión en la época de noviazgo.

De todas formas y como decíamos antes, es una decisión personal que nadie tiene porqué entender, como muchas cosas de un noviazgo para los que lo ven desde fuera. Como no tienen que entender por qué te casas para toda la vida. Puedes dar razones, pero puede que no te entiendan. No lo hacéis para que la gente os aplauda.

No hay razones tumbativas que hagan que todo el mundo las entienda y las vivan. Es algo que uno decide porque le da la gana (una vez razonado y asimilado). La mayoría de las cosas que hacemos en la vida las hacemos porque queremos. No tenemos que ir convenciendo a la gente de porqué las hacemos. Las entenderán o no.

Hay que pensar porqué hacemos las cosas, no por los demás sino por nosotros. No se pueden hacer las cosas o dejarlas de hacer porque no lo entienda la gente o porque la mayoría lo haga.

4.5. ¿POR QUÉ LA PROSTITUCIÓN ES MÁS USADA POR LOS HOMBRES QUE POR LAS MUJERES?

La prostitución existe desde los albores de la historia. Y la prostitución ha sido un servicio que han utilizado más los hombres que las mujeres.

¿Ha sido, como algunos piensan, por un machismo que impedía a las mujeres realizarlo? En nuestra opinión, no es así porque ahora que hay más libertad en ese sentido para la mujer y tampoco usan este servicio tanto como los varones. ¿Qué queremos decir?

Sencillamente que es el uso de comprar a un varón. La prostitución no es más que comprar un cuerpo por un tiempo, no se busca fundamentalmente el sexo, según dicen las usuarias, sino una compañía agradable que te dice siempre sí, que te lleva como una reina, te mantiene la ilusión de su cariño, te hace sentir especial, escucha, comprende, te valora por el tiempo de la cita. "Si luego hay sexo, bien, pero no es lo más importante", según dicen las usuarias del servicio.

Por otra parte, los precios no son los mismos. En el caso de las mujeres no van a prostíbulos de carretera o donde hay chicos semidesnudos luciendo palmito. No es porque sean más respetuosas con la dignidad del varón, sino que su sexualidad es muy distinta. El sexo puro y duro, en general, a la mujer no le sirve. Quiere algo más. Necesita sentirse deseada. Y eso requiere tiempo. Necesita hablar, conectar con el otro como vimos en la sexualidad femenina. Con lo cual, un servicio de media hora o de una hora no da para nada. Por lo tanto, los precios no son los mismos, pues requiere un poco de conversación, no sólo un cuerpo.

La prostitución está más metida en la sociedad de lo que muchas veces pensamos. Y hay un mercado de esclavas sexuales que dan mucho dinero a los "esclavistas" del siglo XXI.

BIBLIOGRAFÍA SEXUALIDAD FEMENINA

167

HOLSTEGE, G., et al. (2003) "Brain activation during female sexual orgasm", Soc Neuroscientific Abstract 727:7.

BRIZENDINE, Louann.," El cerebro femenino" Ediciones RBA, Barcelona 2015 Quinta edición.

LONSTEIN, J.S. (2005) "Reduced anxiety in postpartum rats requires physical interactions whit pups but is independent of suckling and peripheral sources of hormones" Hormones behavior 4783):241-255.

SINGER KAPLAN, Helen. Alianza Editorial Tomo 2 Madrid 2014 Tercera Edición

BIBLIOGRAFÍA SEXUALIDAD MASCULINA

LOPEZ MORATALLA, Natalia. Ediciones Rialp. Instituto de Ciencias para la Familia. Universidad de Navarra. Pamplona 2009 Segunda Edición

MANUAL PSICOEDUCATIVO. Fundación Foro. Barcelona 2002.

BRIZENDINE, Louann.," El cerebro masculino" Ediciones RBA, Barcelona 2015 Quinta edición.

BECK-GERNSHEIM, Elisabeth. "La reinvención de la familia: en busca de nuevas formas de convivencia" Ed. Paidós Ibérica. Barcelona 2003.

¡GRACIAS!

Gracias por el tiempo que le has dedicado a leer «Sexo para inconformistas». Si te gustó este libro y lo has encontrado útil te estaríamos muy agradecidos si dejas tu opinión en Amazon o en la plataforma en la que lo compraste. Nos ayudará a seguir escribiendo libros relacionados con este tema.

Tu apoyo es muy importante. Leemos todas las opiniones e intentamos dar un feedback para hacer este libro mejor.

Si quieres contactar con nosotros, aquí tienes nuestro e-mail:

gabinete@eslonuestro.info

9 798594 856875